U0009020

誰會被抹平

10輛新科技推土機，70項黑天鵝趨勢，80個正被剷平的職業，正在改寫你我的未來

楊方儒———著

目錄 CONTENTS

抹平後的世界，擁有獨特核心價值的人照樣大放光彩

林富元／矽谷橡子園創投原始合夥人、
遠盟康健共同創辦人

　　我很欣賞楊方儒的新書《誰會被抹平》，在這裡給他一個大讚！

　　我本人從事創業創投天使投資工作超過 40 年，看過了諸多基礎科技與其應用帶來的蛻變。我一直住在矽谷，也在台灣大陸創建過不少事業，第一手經歷過多次因為科技變化帶來的社會與國際變化；也以貴賓席的角度看到了一連串根本技術的突破，破除了傳統習以為常的生活與工作方式，進而將人類熟悉的生活習慣連根拔起，我們每天都一直在被徹底改變中。

　　方儒的這本書《誰會被抹平》，其實跟我多年前出版的《從小玩到大，一路玩到發》頗有異曲同工，前後呼應的作

用。

我那本書《從小玩到大，一路玩到發》，開宗明義說的就是以往被看輕或被鄙視的特殊能力，因為同質性重複性的一般工作被大量抹平之後，具有特殊性而以往拿不上臺面的技能，正在被自然地凸顯與發揚光大。

當時我以一個切身實例給這個趨勢做了一個破題：

同質性重複性失去價值，特殊能力鹹魚翻生

我在矽谷有個要好的鄰居，他最疼愛也很努力地培養他優秀的女兒。他女兒從小成績優異不說，在藝術上更是頭角崢嶸脫穎而出，自幼就到處得獎獲勝，長得亭亭玉立清秀可人。大學時期，女兒不負父母重望，順利進入了洛杉磯加州大學研讀藝術。

女兒在大學時便經常舉辦自己的畫展，獲得很多藝術界的矚目與注意。

畢業以後的某一天，聽說女兒回到矽谷家，結果在家裡跟父母大大的吵了一架，然後憤怒地搬了出去。不但如此，聽說父親還斷絕跟女兒任何聯繫，兩人之後幾年不再講話。我間接聽說，因為優秀的女兒從最高級的大學畢業之後，選擇了做「刺青師 Tattooist」這個行業，還要在刺青盛行的好萊塢某混亂街角開店。

父親的失望，造成他無法接受女兒竟然變成刺青師的事實，堅持對她不理不睬。如此情況僵持了兩年，後來透過媽媽，聽說女兒的刺青點生意鼎盛，好萊塢大明星到都排隊要求他女兒設計。更聽說每個專業設計少則 8000 美金，多則數萬，而且約期大多要排隊六個月以上才排得到。父親這時候才恍然大悟，女兒是真的行行出狀元，以此高檔刺青工作推翻了一般華人父母的陳舊思維，自己闖出了一番天下！

之後又一年，父親專程去洛杉磯看女兒。父女相擁，彼此喜極而泣。

以往遭人鄙視的才能與行業，因時代變遷與生活內容改變，反而變成了最好最特殊的獨特價值！也只有獨特才能，才可擁有無法取代的價值，不會輕易地被抹平。看看你周遭的網紅與 KOL，看看那些那種憑藉大胃口或微妙講述食品而獲取百萬粉絲的吃播，還有更多我們長輩想像不到的工作，都在席捲市場改變世人觀點。你對未來的工作會怎麼想？怎麼定義？

重新思考你在做的每件事情，因為這個世界正在用不同的方式在將這些事做的更好

以前我每次演講，都會強調這一點。

太陽底下無新事，我們的生活也都是在重複過往所有人

每天做過的事，以後也是如此。

　　就像楊方儒說的，這個世界上百種工作即將要被抹平，或至少會被部分取代。所以不少讀者就要開始擔心了？我怎麼辦？我的孩子以後怎麼辦？我還有什麼新機會？

　　楊方儒沒有說完，而我作為一輩子的創業家與創投家，其實做的就是他沒說完的部分。我數十年來每天就在幹這樣的事：我們不斷在尋找新機會、新技術、新模式，尤其那種以更好更快的方式，來將同樣的事做的更便捷更經濟更有效更準確的新把戲！

　　不要擔心你的工作會被抹平，而要想，你有什麼方法可以將被抹平之後的機會重新塑造，創造價值？

　　幾千年前的人用月光或燭光讀書。

　　百年前的人可以用燈泡的光讀書。

　　幾十年前的人還改進了用日光燈管讀書。

　　現在的人用更亮更經濟的 LED 組合燈讀書。

　　讀書這件事從未變過。

　　但照亮讀書的方式經歷了多少巨大變化？以前的東西跌宕無存，但人還是要讀書（或讀電腦讀手機）。

　　同樣的經歷在交通工具以及通訊方式上更是不得了地千變萬化！

　　所以，你的 Focus 專注，不是要惶恐地擔憂自己的領域

要被抹平，而是要積極地重新思考你在做的每件事情。換個腦袋，從其他角度去想，新機會又來了。管他 AI，管他 ChatGPT，管他多大的 LLM，你當然還會自己走出擁有自己獨特價值的路！

　　另外畫蛇添足說一句。其實楊方儒自己編撰的這本書，特別適合用 AI ChatGPT 來寫。你看他的內容，基本上就是研讀聽說大量數據論點，然後輸入他自己的腦袋，用他自己腦內的參數標準努力思考研究，然後放出一套一套整理過後的思維。不瞞你說，我在閱讀的時候，都想問他，喂！方儒，這是你寫的，還是 ChatGPT 寫的？

新興科技知識的啟蒙運動

曹興誠／八不居士

第一次接受方儒專訪，是在近二十年前，他在《遠見雜誌》擔任資深記者時，我們在伊通公園旁的高玉日本料理包廂，暢談全球科技局勢。

第二次接受方儒專訪，他在《今周刊》擔任撰述委員，與副總編輯宏文，一起到松仁路的「Micasa」餐廳，深聊我退休後的藝術收藏心得，以及《兩岸和平共處法》的眞實內涵。

2007 年，我自喻爲沙漠中的老麻雀，自己開了部落格倡議《兩岸和平共處法》，這麼多年過去了，我沒有重回高科技戰場第一線，但如今呼籲台灣人要團結在民主自由的周圍，爲堅持人權和尊嚴而戰，是更有意義的。我除了設立臉書粉絲專頁之外，也成了台灣最老的 YouTuber，這一陣子來，深知社群平台與自媒體的影響力驚人。

我自稱「八不居士」，含義是「不大不小企業家，不多不少收藏家，不高不低佛學家，不得不說爲大家！」在台灣遭逢地緣政治傾軋，以及美中角力拉扯的當下，希望直白提出關鍵論述，捍衛台灣主體性。

　　方儒在本書中，對於各國網路巨頭生態系，以及新媒體的發展觀點，有著最眞實的剖析，特別是在人工智慧與區塊鏈的新時代中，每個人都要能夠懂得將新興科技爲己所用。

　　我曾經爲文指出，經濟成長的推手是許多科技新產品的問世。舉凡電視、手機、電腦、軟體、晶片、通訊與自動化設備，乃至石化、航天、核能和生醫等產業的發展，無不日新月異。這些新產品、新科技後面代表的是人類智能的提升。在長達一萬年的農業時代，人類智能成長的很有限；爲什麼十九世紀開始，人類智能可以飛躍提升？答案就是十八世紀發生的「啟蒙運動」。

　　「啟蒙（enlightenment）運動」首先提倡民主、法治，保障人權、自由，使人免於恐懼。以此爲基礎，啟蒙運動鼓勵以理性突破極權和宗教對思想、言論的限制，勇於探索知識、科學、技術。科技知識爆發以後，啟蒙運動又鼓勵專業分工、自由市場和公平交易，於是促成了經濟的飛躍成長。

　　方儒在台灣記者生涯中，主要關注半導體與硬體上游產業，到了海外歷練後，對於 Web2 與移動互聯網有了自我啟

蒙，直到他返台投入新媒體與 Web3 創業後，「紙上得來終覺淺，絕知此事要躬行」，知行合一期間仍筆耕不懈！本書「軟硬融合」提出的十輛全新推土機論述概念，以及七十項黑天鵝趨勢觀點，確實值得一一細讀。

方儒常說我是台灣最老又最帥的油土伯，實在是過譽了，但我肯定希望透過自媒體的力量，能夠喚起更多台灣人，對台灣前途的關注與覺悟。

舊世界正被加速抹平，永續發展競逐將更激烈

許添財／商業發展研究院 董事長

2010 年代以來的世界 VUCA 經濟在 2023 年登上巨變的高峰，除了《世界是平的：一部二十一世紀簡史》（The World is Flat: A Brief History of the Twenty-first Century）的作者湯馬斯・佛里曼（Thomas L. Friedman）在該書中所描述的「最新」全球化 3.0─從二千年開始的「個人」全球化─因網際網路和軟體科技與人類生活互動演化而衍生的「十大推土機」更加速前行外，也因新冠疫情衝擊世界供應鏈、地緣政治衝突、氣候變遷、俄烏戰爭、美中貿易戰、科技戰、世界貿易「去風險化」、「友岸外包」、「近岸外包」等亂流橫行，使世界 VUCA 經濟變得更 VUCA。

面對因此而造成的世界成長緩慢、通膨飆升、利率高漲，但政策仍然應對不力；氣候緊急情況升級、不平等惡化、民族主義加劇，但全球的合作卻在減少，《永久危機：

修復破碎世界的計劃》（Permacrisis- A Plan to Fix a Fractured World）乙書三位作者：布朗（Gordon Brown）、史賓賽（Michael Spence）與埃里安（Mohamed A. EL-Erian）認為「過去的創新並沒有帶來必要的正面轉變」，反而淪為「危機的惡性循環」而斷言「我們需要一套新的成長理論」。

然而，2023 年的美股封關卻高創牛市記錄。標普（S&P）500 全年漲 24%，道瓊指數全年勁揚 13.7%，那斯達克指數受 AI 題材加持，全年更大漲 43.4%。其中科技「七雄」（Magnificent Seven Stocks）總市值高占標普 500 指數市值約 30%，輝達（NVIDIA）全年股價飆漲 239%。不無顯示，在「亂流」橫行中，一股代表「數位轉型」、「淨零轉型」與「AI 轉型」的強勁新氣流正在噴發，勢必發展成世界永續新經濟的主流。

就在此時，投入新媒體與 Web3 創業的資深新聞人，著作等身，得獎無數的現任 KNOWING 新聞／幣特財經／鋃科技創辦人暨總編輯的楊方儒，推出了內容涵蓋「10 輛全新推土機」、「70 項黑天鵝趨勢」、「80 個被剷平職業」的新著《誰會被抹平》，接續湯馬斯·佛里曼在《世界是平的》乙書所論述的，從二千年開始的「個人」3.0 全球化的更深更廣更快的「被剷平」世界，做出最新最深刻最完整又具體的洞察與描述，提供政府政策、企業決策與個人創就業

的警惕與參酌。

楊方儒的新著，與下述《專家預測 2024 年十大科技趨勢》（Bjorn Lapakko. 2023-12-28. Published in Databutton），在詮釋「全新推土機」的威力與意義上可說不謀而合，更印證了本書的價值與可信賴度。

1. 生成式人工智慧「無程式碼革命」成為企業賴以增強、賦權和吸引員工和客戶的支點。擴展日常任務的自動化，並為流程注入新的可能性。

2. 網路安全第一，更深更廣更頻繁的網路威脅與防禦對抗賽，隨著平臺經濟的加速發展而全面展開。

3. 量子運算突破理論界限，為資料處理與加密方面帶來空前的運算效率與創新解決方案的潛在變革。

4. 永續科技與綠色倡議運動當道，以成長為導向的商業模式創新加速了循環經濟、電動車、氫能車、家庭與商業建築、能源、農業技術、碳補捉等領域的突飛猛進。

5. 整合 AR 與 VR 的 XR 提供身臨其境的互動與體驗，徹底改變各行各業。

6. 生成式人工智慧、人工智慧、機器學習、深度學習一日千里的持續進步，增強了現有網路應用程序，也推動了個人化與智慧決策的創新。

7. 區塊鏈與 DeFi 將回頭來允諾某種更安全、更去中心

化的金融交易和資料管理方法。

8. 遠距和混合的工作模式興起，推動了支援地理分散的團隊之間的協作與生產力提高可能性，也改變公司在吸引、僱用和留才方面的政策，也連動影響相關產業的興衰變革。

9. 遠距化與個人化的醫療保健技術創新，徹底改變了醫療保健服務的可及性與效率。

10. 邊緣運算將雲端的可擴展和彈性運算能力分布在更靠近設備生成與使用數據的位置，增強了企業對數據和應用程式的控制，既降低傳輸成本，減少延遲與網路資源的浪費，也提高了效率與可靠性。

我個人自 1970 年開始研修經濟學，專攻經濟預測指標學、貨幣銀行學與政治經濟學，加上自 1977 年第一次應邀參加慕尼黑舉行的「國際經濟趨勢調查研究中心」專家會議以來，不斷接觸世界經濟大型研究機構、團體與學者專家1992 年回國，直接進入立法院參與國家財經政策之質詢，14 年餘，每次開會從早上 6 點半開始，都登記跑完 8 個委員會。

如今已在國家智庫商業發展研究院擔任董事長 7 年，於 2023 年榮獲聯合國歐洲經濟委員會的 CEFACT 邀請為專家

群（Team of Specialists）與「個人永久觀察員」，並擔任專題演講者。長期對生產力革命發展過程與世界經濟危機大循環的關聯，有密切的觀察與研究。這個終生「勿忘初衷」的悲天憫人使命感與實踐，讓我對楊方儒這位身具時代使命感與腳踏實地奮力經營，而能從不同角落在國際科技媒體界串起的年輕人有著莫大的信任與期待，特不揣淺陋，為他對台灣這歷經滄桑與苦難的大地與子民，可能面對但可克服的挑戰與機會！

剷平後盡速重建，創造新局

蔡玉玲／理慈國際科技法律事務所共同創辦人、
前行政院政務委員

方儒的文筆，精準切入核心，讓人驚歎！

我因長期關注科技帶來的法律新問題，多次受邀參加方儒辦的活動，對他探討新科技對社會影響的初衷非常感佩。但我最佩服的是他的文筆，我看他發表過文章，不是長篇大論，卻字字精準的切入核心問題，常讓我讀後反覆思索。

他說，從 AI 與 Web3 的激進成長來看，保守來說，未來 5 到 10 年，將會有十輛新的推土機，方方面面剷平地球人的專業與職業。

10 輛全新推土機，多精準的用辭！方儒用很精簡的文字描繪出 10 項正在改變人類生活的科技。

這些科技並不是現在才有，但近期才因創新擴散，而走入你我的日常生活。這些都不是可輕鬆面對的改變，而是像

推土機一樣，推倒舊世界，剷平了一切，必須重新建構的新世界！

除了 AI 及 Web3，台灣引以為傲的代工業，新創產業政策的缺失，以及他以媒體人論述的社群平台零和遊戲，深入淺出，每篇都直面核心問題，但也勾勒出可能的改變契機！

在紛亂的時局中，這本書，匯整了當前你我無法視而不見的改變及問題，這些改變來勢凶凶，問題也難解，但及早面對，才能在被剷平後，盡速重建，創造新局！

一本好書，謝謝方儒！

「由軟帶硬」的正向循環

陳美伶／台灣地方創生基金會董事長、
國家發展委員會前主任委員

　　認識方儒是我還在公部門服務時，受邀出席他所主辦的「Hit AI & Blockchain 高峰論壇」。在那個 AI 與 Blockchain 尚未在台灣受到青睞的時刻，他以一個媒體之力，居然可以辦起這麼有遠見與前瞻的論壇，足見他有敏銳洞察力。

　　卸任公職後，我們有更多的交流與互動機會，除了平常實體溝通外，也從他的文章中更認識他的功力。他雖然年紀不大，但真正應被稱為「資深」媒體人，因為他對社會的觀察及局勢的分析與判斷，往往令我折服，更加敬佩這位小老弟。

　　他要出書了，多令人開心的一件事！囑咐我寫序，二話不說，願意分享！

　　這本書，在人工智慧與區塊鏈的新時代中，方儒彙整與

歸納出的十輛新推土機，正在抹平人類的職業與專業，是台灣乃至於全世界的新創見。

我在國家發展委員會主任委員任內，就對區塊鏈與新創產業非常關注，2019 年承蒙方儒與諸多產官學研領袖支持成立的「台灣區塊鏈大聯盟」，迄今有超過兩百家企業會員，是台灣邁進新興 Web3 產業的前哨組織。

方儒在台灣區塊鏈大聯盟負責媒體公關組的召集人，也受聘於全國商業總會區塊鏈應用及發展研究所擔任執行長。他對於政策倡議與官民互惠上，協助我創造了很大的影響力。透過媒體場域的資源集結，他在鏈圈與幣圈，更扮演了重要的樞紐角色，成功串接了台灣與海外合作契機。

當然，政府與公部門只是扮演推手的角色，真正在新興產業衝鋒陷陣的，仍是年輕有活力的新創團隊。只不過，在資金與人才上的缺乏，以及台灣長期在 Web2 時代的失落，都造成台灣始終「重硬輕軟」。

網路原生的年輕世代，躍上世界舞台確實不容易，但 Web3 確實是一大機會！期待台灣電子產業的大哥們，可以認真的與網路新創公司合作，抬注更多的資金與資源，期望發揮「由軟帶硬」的正向循環。

根據美國方舟投資的估計，AI 最大商機仍是軟體不是硬體！AI 硬體每賣出一美元，AI 軟體與網路服務就可以賣

出 8 到 21 美元，這可以看得出由軟帶硬的十倍速成長商機。

台灣確實不能只會賺辛苦錢，因為軟體與網路正在吃掉全世界！我們有護國神山，更該有護國群山。

祝福方儒這本書可以大賣，也可以給讀者更多的啟發與新知！

每個政策制定者都該知道的數位環境丕變

徐榛蔚／花蓮縣長

　　本書第五篇以政策篇為題，提到「賴總統該知道的台灣新科技論述」，榛蔚誠心推薦本書是「所有政策制定者、公務人員都該知道的數位現況」，內容所涉及整個圍繞數位環境，包含媒體、平台、工具、產製者、消費者等，乃至於整個社會結構，都因此互為影響且大幅改變。《誰會被抹平》不僅提供了對當代數位環境的深入剖析，也對未來趨勢提供了前瞻性的見解。對於公務員或政策制定者而言，本書提供了重要的視角和知識，有助於在公共計畫及政策的設計、制定、執行及工具等所有面向，作出更加有效的公共選擇過程。

　　在這個資訊如同波濤洶湧般湧向我們的數位時代，從手機硬體快速疊代更新、到軟體整合度大幅提升邁向Web3.0，改變了我們的生活、思維方式，乃至於整個社會

的結構。《誰會被抹平》是方儒對這個時代變遷的深刻剖析，不僅是對媒體生態的深度觀察，更是對現代社會文化的全面反思。

透過方儒敏銳的觀察力和深入的分析，本書用淺顯易懂的敘述，廣泛介紹數位世界的現況，深入剖析了這一現象背後的社會、文化和商業動機。書中不僅討論了低質內容（如本書所舉假新聞、不實訊息）在當代社會的盛行，揭露了社群媒體、傳統媒體、平台業者如何深刻影響資訊流動和公眾意識形成，從追求流量的媒體生態到公眾對資訊的消費行為，方儒提供了一個多維度的視角，讓我們得以在資訊爆炸的當代了解更加複雜的現實。

除了政策制定者，《誰會被抹平》也是每一個生活在數位時代的人的思考指南。例如「媒體篇：與社群平台的零和遊戲」，不僅挑出了我們對媒體和資訊的傳統認知，更重要的是，我們思考如何在快速變化的世界中尋找到自己的立足點。無論您是對媒體行業有深刻洞察，還是對當代文化有著廣泛興趣，或者純粹只是數位內容的消費者，相信這本書都將為您提供深刻的啟示。

被「抹平」的世界，更要突出自我價值。本書所提的十輛推土機勢不可擋，就如二十世紀鬧鐘的發明取代敲門者（Knocker-up），這波數位浪潮，誰會被抹平？又有誰能夠

在抹平後的世界嶄露頭角、顯露自我價值。了解背後的機制、反思自己的消費行為，並學會辨識資訊的質量，比任何時候都來得重要。《誰會被抹平》正是這樣一盞在資訊量爆炸的混沌世界的明燈，榛蔚最後再次誠心推薦。

也謝謝方儒多次擔任花蓮培訓提升數位能力的講師。

我們的下一代從小就被洗腦跟眼球殖民

吳德威／橡子園太平洋基金合夥人

　　初識本書作者楊方儒是在雪豹科技時期，我出道晚，那一年我 34 歲，全球化的業務發展來得又急又快，很少在台灣，管理、業務、媒體關係很多地方不明白，在我近期寫的《跨界領導密碼》一書裡提到，當時我有一種莫名成功卻「不知道自己不知道」的認知狀態。方儒早在年輕的時候，就走過五湖四海，訪問過許多大人物，對於兩岸關係、世界局勢、產業脈動有著深入的洞察，要知道在那個年代能掌管國際媒體的大中華區業務總管，刻在心裡的美麗與哀愁肯定不會寫在臉上。

　　當時我不懂，特別是人情世故，要知道知識水準還能靠努力趕上，但剛剛說的「認知」，在方儒的維度，那是一種「不知道自己知道」的最高境界。因此無論我得意開心或傷心失落，方儒總是看來非常的淡然，給我的諄諄建議，需要

我離開了咖啡店，或下了他的車，再仔細咀嚼，才能體會其深意。十多年來我常常跟他感慨「人何寥落鬼何多」，他總是淡然，我們年紀相仿，但是他滄勁的穩重一直是我學習的榜樣。

後來我開始斜槓，從平台、數位廣告、外送、叫車、雲服務、跨境電商、一手電商、二手電商、直播、遊戲、職業運動、區塊鏈到 AI。角色從總經理、領隊、天使投資人、機構投資人、合夥人、到非營利組織甚至直轄市基金會的執行長，深度和廣度，都讓我的人生按下了快轉鍵，聊以看到方儒的車尾燈，對於台灣產業的空洞、年輕世代的危機、政府部門的失能，有了更全面性的思考與中心思想。

本書第三篇的開頭，用一定的篇幅，擷取了我在方儒主辦的第八屆《WHATs NEXT》未來科技產業高峰會上提到的「數位殖民」問題，在該篇涵蓋的第 22 到 29 個黑天鵝趨勢裡，更是基於我類似的思考展開論述，看了十分過癮。但凡台灣中央政府，遇到新趨勢，就要組國家隊，本世紀過去 24 年以來綠朝 16 年，藍朝 8 年，失去了多少產業先機？20 多年以前台灣還有遊戲產業，有自製遊戲，有大宇、智冠、遊戲橘子等等，有遊戲國家隊，而今安在哉？我在桃園市想辦一個電競大賽，找不到國產的遊戲，如果不玩中國的遊戲，那就打韓國的吧，這兩國如果都不要，那就玩日本的瑪

力歐賽車吧？或是美國的 NBA 或 MLB 電動？不是吧？我們的下一代從小就被洗腦跟眼球殖民。

更不要說，一路以來的兩兆雙星，倒了多少面板廠？從 2G、3G 到 4G 手機通訊又倒了多少手機組裝廠？政府錯誤主導的 Wimax 政策害多少廠商家破人亡，投資血本無歸？電子商務，最後是蝦皮跟酷朋傲笑台灣，一個中國一個韓國（政府一直強調酷朋是美商，我不知道為什麼要澄清？因為台灣總是「好想贏韓國」所以罪惡感少一點？）蝦皮在台灣大街小巷開滿了店，但不是中資或韓資就邪惡，只是政府不要雙標，眼睜睜看著本土電商以及便利商店逐漸倒下！

酷朋在我寫序的此刻，剛剛被投審會核准了近 25 億台幣的增資案，這已經足夠取得近 30 年老牌正宗電商國家隊：PChome 網家集團的經營權，好吧，那我國平台類電子商務又沒了。手機用國外品牌、開車開國外品牌、外送吃 FoodPanda，出門用 Uber，刷朋友圈用 Instergram，交友用 Tinder，聊天用 LINE，地圖用 Google，回憶看臉書，追劇用 Netflix。

從一天的食衣住行到大半輩子的悲歡離合，台灣人民都乖乖送上數據給美、日、韓、歐洲公司。到了 Web3，政府又來喊國家隊，要公會嚴格自律，還要金檢。主管機關再一次對於境外交易所反而不查不打，還宣稱「幣安 Binance」

已送件，正評估其落地的可能性，我的媽呀還評估什麼？這是讓人民的資產給中資公司保管？

要不是我在第八屆《WHATs NEXT》未來科技產業高峰會上大聲疾呼，蝦皮也不會一夜之間下架泰達幣（USDT）的 OTC 買賣？這麼明顯的集散地，這麼多年，主管機關也不會以洗錢防制法對平台展開調查。政府機關互推責任，名為監管產業，因為管不到境外的，只能欺負境內的，連打詐都失能。最終境內越弱，境外越強，引清兵入關，明朝滅亡。什麼行業都一樣，Web1、Web2、Web3，不管主管機關是誰，通通被殖民。就像方儒在第 39 章節裡寫的，台灣的電信商是鋪好了馬路給進口車跑，不是給國產車跑，台灣互聯網產業先天不良，後天失調，真是命運多舛，嗚呼哀哉。

方儒在第 54 章節提到新創上市之不易，也就是因為前述的問題，導致台灣的新創公司做不大，就算做大了市值也會被嚴重低估，外資法人只關心半導體，惡性循環。從早期的興奇科技到無名小站被 Yahoo 合併，台灣新創最好的出路也就是被外資收購，LINE 生活圈裡的購物、TV、出行等服務通通是收購而來，這些能被 LINE 看上的創業者已經是台灣之光。要像 Gogolook 被收購再自己買回來，TaxiGo 賣給了 LINE 再由裕隆買回，還是有其意義。或是像 91App、創業家兄弟這樣曾經出場再重新歸零創業還上市的，真的是少

之又少，台灣之光。

　　這本書點線面俱到，資訊量高、博大精深，卻又深入淺出，涵蓋了趨勢點、時間線、產業鏈、與政策面，是一本不能不讀的好書，特別對年輕人來說，台灣經濟何以至此，誰令致之，未來該何去何從，絕對是必讀的經典。

Seven Senses

王智立／智源智庫創辦人、
全球半導體聯盟（GSA）亞太區創始執行長

　　好友方儒將他過去的經驗與觀點，有系統的集結成冊，寄給我參考也請我寫寫讀後心得。

　　獨立觀點歷久彌新，且經得起考驗，是我第一個感覺！

　　認識方儒已有十多年，讀萬卷書也行萬里路，接受挑戰並且勇於創新是我對他第二個感覺！

　　他是一位稱職的媒體人，新創負責人、平台建立者、社會服務家。在各種公益團體、趨勢論壇、報章雜誌、政經評論的舞台上，都有他的身影，這是我第三個感覺。

　　文章篇幅主要集中在 AI、Web3、元宇宙、區塊鏈、平台經濟、台灣科技的前世今生與未來、2024 台灣的新領導人與新科技政策、投資的機會與挑戰、以及媒體人的自省與前瞻。內容豐富發人深省，是我的第四個感覺！

　　前兩年方儒辦慶生，約在一個可以唱歌的場地，時間竟

然是從白天到黑夜，讓有不同行程、不同作息的眾多好朋友可以自由選擇前往參加的時間以及能夠待多長的彈性。朋友多人緣好是我第五個感覺！

實體活動的舉辦，從南到北，一年四季沒有停過。總是可以邀請到產、官、學、研、新創等族群的菁英代表同聚，擦出各式各樣的火花和對未來的可能性及想像力。這種腦力激盪異業結合的本事是第六個對方儒的感覺。

相信未來更美好，這是本書不斷提出的呼籲和期待，更是打死不退的樂觀。這也是我對作者本人的看法和感覺。

期待大家都能在文章中看到方儒的成長與執著！

推薦語

　　方儒從雜誌總編到新媒體創業家，發展專業數十年，在新媒體與科技領域有多項著作。這本《誰會被抹平》清楚探討未來隨人工智慧（AI）跟區塊鏈的成長，將為世界帶來巨大的變化。全書立論清晰、深入淺出，帶領讀者從基礎背景、國際現勢到未來政策與投資建議，一一研析，了解全球化時代下產業趨勢與發展。跟大家推薦這本好書！

謝國樑／基隆市市長

　　方儒用通俗易懂的語言，讓讀者理解正在影響我們生活每個角落的最新科技。還在職場以及將入職場的朋友，可從此書思考自己未來的職涯發展。當我們原本擅長的工作將被抹平時，如果我們不想躺平，那就好好地讀讀這本書吧。

葉匡時／陽明山未來學社理事長

十輛全新推土機

1990-2020 年，全球化的時代中，我們被抹平了。

英國社會學家 Anthony Giddens 認為，90 年代啟動的全球化改變了人類當下的生活狀態，成為我們現在的生活方式，涉及了「全球社會關係的強化」！因此，全球化是關於世界觀、產品、思想和文化的強力整合。

抹平，則是紐約時報專欄作家 Thomas Friedman 的比喻與定義，從國家到企業到個人，全球化的深遠影響力，可與民族國家的誕生，甚至和工業革命等歷史事件相提並論。

Thomas Friedman 在《世界是平的：一部二十一世紀簡史》（The World Is Flat: A Brief History of the Twenty-first Century）一書中，提及十輛「推土機」正在剷平世界，包括網站瀏覽器、開放原始碼、網路搜尋、供應鏈重組、委外生產……確實全都一一成真了。

三十年來全球化的最後一波，是個人得益於全球化帶來的好處。我們坐在台北家中，可以輕鬆啜飲 Starbucks 咖

啡，追著 Netflix 韓劇，接下來出門拿著 LV 包包與 iPhone 手機，去 Costco 與 IKEA 血拼，這已是我們的日常。

直到全球化的喪鐘，在二十一世紀的第二個十年，一聲聲被敲響。地緣政治的傾軋下，台積電創辦人張忠謀在 2022 年出席台積電美國新廠機台進廠典禮時，對著美國總統拜登的面，直言示警「全球化與自由貿易幾乎已死」。

張忠謀之後在 2023 年赴工商協進會演講時，進一步分析說，全球化原本的定義是「各持經濟比較優勢的分工合作」，但如今演變為「國家安全科技領先」及「經濟領先」，已經凌駕於全球化之上。

從貿易戰打到科技戰，美國與中國的關係已定調為「競爭高於合作」！張忠謀演講時反問在場的台灣工商界企業家們說，「這樣還能算是全球化嗎？」

全球化告終，人工智慧與區塊鏈，則將在二十一世紀的第三個十年，開始抹平全球 80 億人。這當然是大膽的推論，我也不敢濫用「抹平」此一名詞，但從 AI 與 Web3 的激進成長來看，保守來說，未來五到十年，將會有十輛新的推土機，方方面面剷平地球人的專業與職業。

人工智慧創造的生成式內容（Generative AI），自從 2022 年底，OpenAI 發佈免費機器人對話模型 ChatGPT，以及 Google 持續精進 Bard 後，已經有小學生用來完成數學作業，有

大學生拿來做 SWOT 分析報告，有網紅拿來撰寫社群文案，有記者拿來自動生成報導的稿件，有出版社收到機器人作家投稿，更讓好萊塢電影編劇上街頭抗議，這是**第一輛推土機**。

隨之發布的 AI 繪圖生成平台 Midjourney，讓你不用拿起畫筆，下指令就能在短短數秒內完成多幅畫作。小學生不用再念資優美術班，大學生也不用考進藝術科系，美編與設計師都很害怕被取代，諸多手機遊戲公司更已經將 Computer Graphics 部門大舉裁員！Midjourney 與 Leonardo.ai，還有 OpenAI 提供給微軟小畫家的「DALL·E」，這些持續精進的 AI 繪圖生成平台，是**第二輛推土機**。

2023 年的 Computex 台北國際電腦展上，輝達共同創辦人暨執行長黃仁勳，更當場展示了 AI 即時作曲的能力。當他輸入「I am here at Computex. I will make you like me best. yeah. Sing sing it with me. I really like NVIDIA」後，接著 AI 立刻就即時譜出旋律並傳唱，全場立刻掌聲如雷。黃仁勳還笑問大家，他知道台灣人最喜歡唱卡拉 OK，但是大家可以像 AI 這樣立刻完成嗎？這讓音樂家們，還有填詞譜曲的老師們，確實都震驚了，這是**第三輛推土機**。

民視的敏熙主播，還有虛擬偶像 VTuber 越來越多，這讓電視主播與唱跳藝人都害怕了，甚至在 Instagram 與小紅書上的 AI 美女，都比人工美女還要漂亮有氣質。電視台不

用再花時間培訓新人主播，經紀公司也不用再培養 KOL 征服社群平台算法，這是**第四輛推土機**。

GitHub Copilot 發佈兩年內，已經服務了超過 100 萬的程式設計師，爲他們在開發過程中快速取得功能所需的程式碼結構，順利提升了 55％的開發效率，這讓印度的低階程式設計師都很害怕被取代。甚至連 Copilot 自己的測試版本中，有四成的程式碼都是自己生成的，這是**第五輛推土機**。

Tesla 的自駕模式，車主們都已經很愛用，Waymo 與 Cruise 的無人計程車也在舊金山上路！Level 3 以上的無人汽車與巴士，目前也都正由各大車廠積極推動中。台灣與日本，還有全世界很多城市，在公車司機招募上一直有很大的缺額，而方向盤確實未來不會再只被職業駕駛所掌控，這是**第六輛推土機**。

根據高盛（Goldman Sachs）報告指出，全球會有三億個職缺，會受到 AI 技能與自動化的影響。我們也看到，從新聞記者到電影編劇，從美術編輯到設計師，從填詞人到譜曲老師，從貌美主播到演藝偶像，從駭客到程式設計師，從公車司機到阿公駕駛，這些過去需要花上二十或三十年養成的專業人才，甚至需要考證照的職業，如今都被人工智慧取代了，這確實稱得上被抹平了。

作家當然也是可能被 AI 取代的工作，因此我也請 Google 的「Bard」列出可能會被取代的人類工作，給出的答案更為大膽：

根據麥肯錫公司（McKinsey）的一份報告，到 2030 年，全球有多達 8 億的工作崗位可能會被 AI 所取代：

1. 文書處理員
2. 資料輸入員
3. 統計分析員
4. 銀行職員
5. 帳戶管理員
6. 貸款處理員
7. 保險業務員
8. 推銷員
9. 理賠處理員
10. 物流／倉庫工人
11. 貨物裝卸員
12. 分揀員
13. 配送員
14. 醫學影像診斷師
15. 藥物研發人員
16. 手術輔助人員
17. 客服人員

18. 客戶諮詢人員

19. 投訴處理人員

20. 退貨處理人員

21. 推銷員

22. 業務員

23. 電話銷售員

24. 理財顧問

25. 理財規劃師

26. 會計人員

27. 財務報表編製員

28. 財務數據分析員

29. 人力資源專員

30. 招聘人員

31. 培訓人員

32. 員工管理人員

33. 法律諮詢人員

34. 法律服務人員

35. 稅務專家

36. 稅務申報人員

37. 稅務計算人員

38. 記者

39. 編輯人員

40. 攝影記者

41. 書籍編輯

42. 雜誌編輯

43. 網站編輯

44. 文字翻譯員

45. 語音翻譯員

46. 視頻翻譯員

47. 基礎教育教師

48. 職業教育教師

49. 特殊教育教師

50. 文學作家

51. 戲劇作家

52. 音樂作家

53. 繪畫家

54. 雕塑家

55. 音樂家

56. 舞蹈家

57. 設計師

58. 產品設計師

59. 包裝設計師

這些工作之所以有可能被 AI 取代，主要是因爲它們具有以下特點：

重複性高：這些工作通常涉及到重複性的任務，例如行政人員的文書處理、銀行職員的帳戶管理、物流 / 倉庫工人的貨物裝卸等。

規範化：這些工作通常具有固定的流程和規範，例如保險業務員的推銷、客服人員的諮詢、銷售人員的推銷等。

數據驅動：這些工作通常需要處理大量數據，例如醫學影像診斷、藥物研發、手術輔助等。

Bard 給出的答案，確實不完全精準，每一項專業涵蓋的工作範圍都很廣，鏈條也都很長，肯定不是明天就會被從頭到尾完全取代，但這看得出來，AI 不需與人客套的恨天高企圖心，以及爲什麼好萊塢電影都要把 AI 視爲大魔王與大壞蛋了。

不論善與惡，人工智慧都已經成眞，開始顛覆你我的工作與生活了！區塊鏈與加密貨幣，則已邁過萌芽階段，將迎來新一波起飛成長趨勢，更會創造新的職缺與職能。

最關鍵的數字是，展望 2024 年，全球加密貨幣持有者上看五億人！下一個五億人，持平的看待，肯定會在 2028 年之前達到。

爲什麼有這麼多人，承認比特幣（BTC）與以太幣

（ETH）上沖下洗的價格，以及摸不著的虛擬價值？又或者願意持有 USDT 與 USDC 等一比一掛鉤美元幣值的穩定幣（Stable Coin），來進行匯兌交易？加密貨幣還可以用來買賣一張張 NFT（非同質化代幣）的畫作圖檔，NFT 又會比蘇富比的拍賣作品有價值嗎？這對未入圈的 75 億人來說，自然很難接受與體會。

比特幣抹平了什麼？比特幣不是由各國中央銀行發行的貨幣，但如有還有這麼多人承認上沖下洗的交易行情，並且進一步達到投機與投資的目的，甚至在烏克蘭與非洲部分政經局勢不穩定的國家，如果今天要攜家帶眷逃難了，可能不再會扛著黃澄澄黃金，而是隨時帶著隨身碟大小的冷錢包（Cold Wallet）隨行。人類歷史數千年來，主權國家政府才有發行貨幣的權力，但比特幣等數千種加密貨幣的發行權被解放了，這是**第七輛推土機**。

穩定幣抹平了什麼？包括中國政府力推的數位人民幣（CBDC），以及掛鉤美元的 USDT 與 USDC，每個人都可以在錢包地址中，存儲穩定幣來進行轉帳與交易，省去銀行與 SWIFT 等匯兌機構的高額中介成本，更沒有紙鈔被竊的風險，這是**第八輛推土機**。

NFT 抹平了什麼？過去能到蘇富比與佳士得拍賣行，交易一幅畫作，是金字塔頂端甚至雲端上的富人，還有知名

藝術家與藏家的小圈子，但現在不論資深或資淺的創作者們，都可以把創作出來的 jpg 圖檔，上傳到 opensea 等交易市集網站，一下子就呈現在全世界的年輕買家眼前，瞬間用加密貨幣完成交易，這是**第九輛推土機**。縱使 NFT 行情起起伏伏，但 NFT 還可以作為會員憑證與購買憑證，全世界已經有上千家消費性品牌與知名企業，視 NFT 為新世代行銷工具。

蘋果推出 Vision Pro 等 VR 與 AR 等頭戴設備逐步普及後，元宇宙（Metaverse）好比是電影《一級玩家》當中的虛擬天地，再加上區塊鏈與加密貨幣的不可竄改功能，讓劇中男女主角的金幣與裝備道具，都能夠確保個人持有產權，開啟與創造 Web3 的新時代，這是**第十輛推土機**。

我們回顧 1990-2005 年，Web 與電腦，開始構建全世界人類的數位生活。在雲端上收發 email，在 MMORPG 遊戲組隊打怪，上 PChome 與淘寶買貨，用 Skype 打國際電話，都是我們曾經熟悉的日常，也是 Web1 的時代。

2005-2020 年，人手一支的智慧型手機與用戶生成的內容（User Generative Content, UGC），以及臉書（Facebook）、亞馬遜（Amazon）、蘋果（Apple）、網飛（Netflix）、谷歌（Google）等 FAANG「尖牙股」的龐大生態系，徹底改變了你我，每一位台灣人的每一分每一秒。用手機拍

照、用手機導航、用手機聽音樂、用手機叫車與叫餐、用手機支付與發紅包，甚至用手機看 NBA 球賽直播、上 Netflix 看電影……我們每個人每天要使用各種 App 長達 6-7 個小時，手機不僅是你最親暱的另一半，更是你的器官之一，這是我們熟悉的 Web2 時代。

到了 2020 年啟動的 Web3 時代，數據重新成爲你我的資產！透過上鏈技術認證，從大學學歷到生產履歷，從法院判決書到壽險契約書，都達到了去中心化的分散式存儲目標。我們也終於等到了一種新的網路技術，能夠讓每個人都擁有主權國家發行貨幣的權力，並且比 SWIFT 更快完成跨國金流，加密貨幣的去中心化願景。

這也是 21 世紀第三個十年，5G 與人工智慧、區塊鏈與自駕車、新能源與物聯網、量子電腦與加密貨幣、擴增實境與可穿戴設備……即將顛抹平覆每一個獨立個體，在虛擬世界與眞實世界中的界限。

同時間，每十年的電信與無線通訊產業迭代，從 1990 年啟動的 2G、3G、4G，到目前的 5G 時代，在頻寬上的徹底解放，成就海量數據的蒐集與傳遞，人工智慧將順利賦能各行各業，智慧城市不再是空中樓閣。

然而，從 MSN 到 LINE，從 Feature Phone 到 Smart Phone，從 Cloud 到 AI，科技產業的進展與迭代，從來就不是天外

飛來一筆的。

早在 1956 年，人工智慧就被確立爲一門學科。當年的達特茅斯會議上，誕生了第一代 AI 的研究者。

戴在頭上的 VR 虛擬實境裝置，像是蘋果的 Vision Pro，是在 1968 年，才由圖靈獎得主 Ivan Edward Sutherland 發明，只不過太沉重，必須要懸吊在天花板上。

1990 年代，第一套 AR 擴增實境實驗系統，由波音公司開發。不是用來寶可夢打怪，僅用來協助工人裝配管線設備。

2008 年，中本聰在《比特幣白皮書》中提出「Block-chain」概念，隨即開發出的第一個區塊，也就是「創世區塊」。

看得出來，技術從來都不是新鮮事，只是需要等到創新擴散（Diffusion of Innovation）到來的那一刹那，技術才會走進你我生活之中 。創新擴散是科技管理學科中的關鍵領域，因爲創新的最終目的，在於希望新事物，於社會體系中散播開來、廣泛使用。

創新擴散關鍵的是，已經存在的技術，能否在當下爲人所用？

早在 1982 年，諾貝爾經濟學獎得主傅利曼（Milton Friedman），就對創新提出一個簡潔有力的定義：Innovation（創新）＝ Invention（發明）＋ Commercialization（商品化）。

發明→專利→商品→獲利，這個流程，在創新管理（Innovation Management）學科中發現，前半段相對簡單，後半段反而困難。

多數人都認爲技術的發明，以及專利的取得，就是賺錢獲利的保證！其實，走進市場，商品化才是王道。

威而剛原本是一種失敗的心臟藥，最初在進行人體測試時，輝瑞藥廠（Pfizer）發現許多心臟病患，在受測後都不願意繳回這顆失敗藥丸，才無意發現這項新藥的特殊功用！藍色小藥丸，在全球創新擴散的速度與規模，就不用贅述了。

包括人工智慧與區塊鏈在內，創新擴散達到的抹平跡象，正持續逐步顯露，這更是全世界人類正在進入的新時代。全球化的抹平告一段落，但新科技的抹平全面啟動。

我人微言輕，但根據歷年來撰寫的專欄文章，在本書列出 70 項「黑天鵝」觀點！每一章節，都是持續改變台灣社會環境與各產業領域，正在發生的進行式趨勢，希望對您有價值。

第一篇

你還不懂「生成式」？
AI 抹平了誰

1997 年 5 月，全球電視都在轉播 IBM 深藍（Deep Blue）電腦，與西洋棋王卡斯帕洛夫（Garry Kasparov）的對戰局。

最終結果，深藍以總比分 5.3，勝過棋王的 2.5 分，成了史上第一台「打敗人腦」的電腦。投注十二年黃金歲月，IBM 開發出來的這套深藍系統，由兩層高 1.8 公尺的模組構成，每個模組裡面擁有十六個 IBM RS ／ 6000SP 高速平行處理晶片，每一秒，可以檢視兩億個西洋棋棋步。

只不過，AI 隨即沉寂了 20 年，地球人只能在史蒂芬史匹柏的巨作電影中，期盼人工智慧的奇點到來。

直到 2016 年，被 Google 併購的英國新創企業 DeepMind，投身圍棋棋局推出「AlphaGo」，接連擊敗李世乭與柯潔等九段好手。AlphaGo 以上萬台電腦裡的職業棋譜，持續訓練的數理下棋模型中，不斷進行算法與參數調校，終能打敗中韓棋王。

DeepMind 早期開發的 AlphaGo Fan，採用了 176 個 GPU，之後便以 Google 自行發展的 Tensor Processing Unit（TPU）為主要運算晶片系統。AlphaGo Lee 使用了 48 個 TPU，在算法與調校越來越強大後，AlphaGo Master 與 AlphaGo Zero 甚至只需使用 4 個 TPU，就可以達到同等級的算力。

「深度學習和強化式學習，是將來會造成重大影響的

AI 技術！」六子棋發明人暨交通大學 CGI 研究團隊發起人吳毅成當年即分析指出，AI 不僅聚焦於深度學習（Deep learning），更要重視另一個可以不斷改善品質的技術強化式學習（Reinforcement learning），AlphaGo 就是最好的例子。

可惜的是，AlphaGo 熱了一陣子，人工智慧又再次陷入超過五年的低潮中。除了 Tesla 與百度，還有 Mobileye 的自動駕駛系統緩步提升外，一般人都還是覺得人工智慧很遙遠，電腦機器確實超越了人類，但下棋仍屬用途相對狹隘的弱人工智慧（weak AI）。

在這少人聞問的階段，OpenAI 以 10 億美元起家，並且再獲得了微軟投資 10 億美元，開始投入大語言模型（large language model, LLM）開發。根據維基百科的定義，LLM 由具有許多參數的人工神經網絡組成，參數通常為數十億個權重甚至更多，使用自監督學習或半監督學習對大量未標記文本進行訓練。

OpenAI 是 LLM 的先驅，GPT-1 在 2018 年發布，初始是具有 1.17 億個參數的模型，廣泛使用了全球網頁資料與維基百科等海量內容進行預訓練。GPT-1 的主要用途，在語言生成任務上，像是完成文字內容與撰寫詩句。當時並沒有獲得很大的迴響與關注，甚至不及 Tesla 執行長 Elon Musk

於 2018 年氣噗噗退出 OpenAI 的商場八卦。

隨後，GPT-2 在 2019 年發布，參數量提升到 1.5 億個，GPT-2 根據 GPT-1 相同的訓練資料和 LLM 模型架構，但用到了更大的參數，以及更多的內容訓練資料來提升效率，主要應用在文字生成、語言理解、機器翻譯等方面。

GPT-3 則在 2020 年推出，為 1750 億個參數量，廣泛使用網路上的大量文字內容數據，GPT-3 已經可以透過少量的範例數據，來進行機器翻譯、文字內容生成、一問一答等多種自然語言處理任務，達到進行對話和寫作的目標。

之後，GPT-3.5 在 2022 年底推出後，成為了全球矚目的焦點。GPT-3.5 是 GPT-3 調整後的模型版本，略為縮減參數量至 13 億個，但增加了人類回饋強化學習（Reinforcement Learning from Human Feedback）功能，在全世界創造的 AI 熱潮與連鎖效應，你我都知道也能善用了。

GPT-4 在 2023 年 3 月發布時，則升級為多模態 AI 模型，可以支援圖片輸入及以文字解釋圖像等，生成的答案錯誤更少、正確性比 GPT-3.5 多出四成以上。

OpenAI 執行長奧特曼，在 2015 年參與創辦 OpenAI 時，就立下「確保人工智慧能有益於全人類」的願景與使命，現在已經沒有人會質疑 AI 市場的泡沫，麥肯錫全球研究院預估，到了 2030 年 AI 產值將高達 13 兆美元，初估每

年為全球 GDP 成長率貢獻 1.2%。

相較於蘋果公司對於 AI 的冷靜與冷淡，市調機構 Counterpoint Research 預估 2024 年是「生成式 AI 智慧手機」的元年，全年出貨量將達到 1 億支！AI 手機可以使用生成式 AI 來創建原創內容並運作 AI 模型，樂觀地看，到了 2027 年，全球生成式 AI 智慧手機出貨量將達到 5.22 億支。

同樣的，具備 CPU（中央處理器）+GPU（圖形處理器）+NPU（神經網路處理器）的 AI PC，2024 年也是發展元年，預計 2025、2026 年會正式起飛。根據 Canalys 的調查報告預估，2027 年全球 AI PC 出貨量將達 1.5 億至 2 億台之間，將占全年 PC 市場總額的六成。

從 to B 到 to C，人工智慧的進展，用了超過 60 年的時間。早在 1956 年，人工智慧就被確立為一門學科，當年的達特茅斯會議上，就誕生了第一代 AI 的研究者，但是誰能自在運用人工智慧，完成生活與工作上的需求？經過了一甲子時間，現在正是人工智慧「奇點」來臨的時刻。

還是要從 ChatGPT 談起

ChatGPT 是 OpenAI 的語言模型，是一種強大的自然語言處理模型，通過深度學習訓練，可以理解和生成自然語言的內容，擁有巨大的參數和多層的 Transformer 架構，使其具有很強的文本生成和理解能力。ChatGPT 的主要能力包括：

文本生成：ChatGPT 可以生成自然流暢的文本，回答問題、提供解釋、寫作故事、創建詩歌等。

自然語言理解：ChatGPT 可以理解輸入文本的含義，從中提取信息並回答相關問題。

對話：ChatGPT 可以進行自然的對話，回答關於各種主題的問題，進行問答互動。

語言翻譯：儘管 ChatGPT 並非專門訓練用於翻譯，但它可以在某種程度上處理語言翻譯任務。

以上是 ChatGPT 自動生成的自我介紹。

2023 年 2 月，輝達共同創辦人暨執行長黃仁勳在加州大學柏克萊分校的演講上，直白的說，ChatGPT 的問世，對 AI 產業來說，是有如 iPhone 誕生般的時刻，更是電腦運算史上最傑出的成就。

人工智慧的寫作能力，現階段確實已經超越台灣的大學畢業生了！隨著大語言模型的海量文字數據累積，伺服器算力提升與算法的持續迭代，甚至連基礎的學術論文與文獻探討都能夠自動處理好，更不會有版權與抄襲疑慮。

ChatGPT 推出後三個月，香港大學就已經率先宣布，禁止在課堂、作業和各種評估中使用 ChatGPT 等 AI 生成工具，歐美諸多大學則規劃有限度的導入 AI 到學習歷程中，但如果學生完全依賴ChatGPT 交報告，學歷就沒有意義了。

知名學術期刊《Science》則更新了編輯政策，認為任何論文使用 AI 工具產生內容，都屬科學性不當。如果沒有編輯明白許可，不得使用生成內容撰寫論文，以及附帶數據、圖片與圖表。另外，人工智慧語言模型（LLM），也不能列為論文作者之一。

從學術論文到學生報告，ChatGPT 的文字生成，未來運用有多廣泛？過去連求職履歷都寫不好的大學畢業生，現在也能在 104 求職平台上，獲得企業人資的第一眼青睞。

「流水席之亂」幾度成為台灣主流媒體與社群平台最夯議題，但記者們都找不到消息來源與當事人求證，擠牙膏操作刊登的群組訊息，啟人疑竇的是，是否是由「假對話 AI 產生器」創作出來的？

OpenAI 持續迭代更新 ChatGPT，以 2023 年 3 月推出的 GPT-4 來說，在回答奧林匹亞與美國大學預修課程試題時，GPT-4 表現遠遠勝過 GPT3.5，而在律師資格考中，GPT-3.5 的 PR 值大約為 10，但 GPT-4 的 PR 值高達 90，以美國各大法學院入學考試（LSAT）的測試結果也很驚人，GPT-3.5 達到 PR40，GPT-4 則是 PR88。GPT-4 系統能夠接受的 token 數量，從 GPT3.5 的 4000 躍升到了 3 萬 2000，成長了八倍之多。

文字之外，我們也看到 AI 在圖像處理上的大躍進。從 Deep Fake 到自動修圖，甚至生成 3D 影像或 NFT 作品，都是人工智慧遠遠超過工人智慧的表徵，大導演柯麥隆用將近二十年心血拍出阿凡達系列電影，但你的孫子未來看到的阿凡達續集，還有夢工廠史瑞克與更多迪士尼動畫，會不會都是由 AI 自動完成的呢？

Midjourney 在繪畫上的運用，也已經超越了美術科班以上的水平，以後小朋友還要上畫畫課嗎？或者是幼稚園老師只要教他們下指令（prompt）就好？

至於奧斯卡金獎導演諾蘭，則在 2023 年宣傳《奧本海默》時分享到，歐美人工智慧的科學家們跟他說到，「當下的此時此刻，我們已經稱爲『奧本海默時刻』！我們正在回顧歷史並問自己，身爲科學家，已經創造出來可能帶來意想不到後果的新科技，未來我們又要承擔什麼巨大責任？」

02

從 PGC 到 UGC 到 AIGC

2003 年的 5 月 2 日，蘋果日報在台創刊。

2003 年之前，台灣是三大報的時代，聯合報、中國時報、自由時報發行量數以百萬計，閱聽人都很習慣，到便利商店買一份早報，詳細閱讀記者與編輯產出的報紙產品，他們多數都是大學傳播科系的畢業生，甚至唸到了新聞碩士與博士，是專業生成內容（Professional Generated Content, PGC）的一群人。

2021 年 5 月 18 日，蘋果日報在台停刊，就連小學生都會搶著看報的輝煌歲月，確實過去了。上百億元新台幣的報紙廣告量，銳減了九成，造成報社都養不起資深記者了。

這些年，正好是 Web2.0 的發展時代，特別在智慧型手機蔚為主流後，每個人可以創作內容了。用戶生成內容（User-Generated Content, UGC）成為主流，最早是無名小

站等部落格興起，到了 Facebook、Instagram、YouTube、TikTok 的時代後，我們都不再閱讀報紙與雜誌了，就連電視都很少看。

我們每天在手機上「滑」的內容，現在確實很少是 PGC 產出的了，除了你我臉友上傳的五花八門 po 文，還有各種圖片與影音，都隸屬於 UGC 的範疇。更重要的是，從網紅到 YouTuber，從網美到 Key Opinion Leader（KOL），他們都不需要念傳播科系，但創作內容的能力與影響力驚人。

網路平台成為閱聽人獲取內容的首選渠道，我們從每天看三到四個小時的電視，轉變成為使用手機三到四個小時，但通路上的內容，仍然是由人產製出來的，也造就了 YouTuber 與直播主等新興職業。

用「80/20 法則」來粗淺估計，我們每天接收的內容數量，以及 24 小時內的閱聽時長中，八成來自 UGC，兩成來自 PGC，現在正是 Web2.0 的成熟高原期。

2023 年開始，則是人工智慧生成內容（AI Generated Content, AIGC）時代的到來。

Instagram 上的 AI 美女，已經比人工美女來得更漂亮了，包括吃瓜群眾都愛的流水席群組訊息，還有山道猴子的 YouTube 影片，未來如果海量的影音與文字內容，以及美貌

的 VTuber，都是由人工智慧創作的時候，而大家都看得津津有味時，宅男們要打賞給誰呢？

因為從音樂到繪畫，從新聞到影音，從流行文化到藝術創意，都不再完全由人類大腦主導了！機器的創作，可能會更有市場性，也更有未來性。

我大膽的預估，到了 2034 年，AIGC 生成的內容，會佔據你我閱聽人超過五成的時長，而 PGC 與 UGC 只能瓜分剩下的五成。

03

AI 主播與 V-Tuber

早在 2020 年，南韓的 MBN 電視台，就與人工智慧開發公司 MoneyBrain 共同研發，以當家主播金柱夏為原型，推出了「AI 金柱夏」。

AI 金柱夏沒有引起太關注，國際間的 AI 主播也沒有太熱門，這子彈飛了好一陣子，直到 2023 年才正式引爆。

俄羅斯電視台《Svoye TV》的 AI 主播 Snezhana Tumanova，在氣象節目「未來預報」中，口說動作與真實主播幾乎一樣。

印尼電視台「TV One」，則一次推出 3 名 AI 女性新聞主播，分別為爪哇人、華人和東印尼人，代表了印尼的多元種族與社會族群。

印度今日集團「The India Today Group」的 AI 女主播 Sana，每天則以多種語言播報新聞更新，還會在節目中與其

他主播對話，並回答觀眾的提問。

看得出來，民視的敏熙，以及華視的 E-Win 不是例外，發展 AI 美女主播，各國的電視媒體的 AIGC 發展方向都很一致。

早於 AI 主播，日本的 VTuber（Virtual YouTuber）早已獲得宅男粉絲的青睞。

2016 年 12 月，由 Kizuna AI 株式會社推出的「絆愛」，開始經營「A.I.Channel」和「A.I.Games」等 YouTube 頻道。她日文名字中的「愛」，羅馬拼音就是 AI。

虛擬 YouTuber 隨後在日本動漫圈與主流社會風行起來，甚至有電視台專門為 VTuber 製作節目，品牌的代言人也不再一定要是人了，像是三得利的燦鳥 Nomu、樂敦製藥的根羽清心、茨城縣 Ibakira TV 的茨日和，都非常受到矚目。

根據 YouTube 官方表示，2018 年 VTuber 的作品，每月約有 4 億觀看人次，2022 年每月已經達到 15 億觀看人次，這仍是全球 AI 熱潮尚未來臨前的數據。

包括 AI 主播與 VTuber 在內，原先都需要角色設計定義、角色骨架、動畫技術使用上，廣泛使用電腦繪圖與動畫技術，應用 AI 工具後，則可以大幅提升開發流程與效率，相信未來你也可以很快生成專屬自己的虛擬形象與人物了。

哪些白領職業會消失？

2023 年的 AI 熱潮來臨後，加拿大民調公司 Leger 在洛杉磯時報發布調查指出，45% 的美國人擔心 AI 會對自己的工作產生影響，55 歲以上的高年齡層中，有 37% 擔心 AI 影響工作，而 18 歲到 34 歲的青壯年年齡層中，高達 57% 擔心 AI 影響工作。

會受到影響的職業類別，創新工場創辦人李開復，也是全球與兩岸公認的 AI 先驅，率先完整列出會受 AI 影響的白領工作：

1. 電話行銷人員：自動語音服務在 AI 不斷迭代後，能自動判斷分析顧客資料與購買歷史，進一步回覆問題與銷售話術。

2. 客戶服務人員：各網路平台聊天機器人，以及自動化的郵件客服，已經不是新鮮事，未來會以大量來電和語音服

務來取代眞人客服。

3. 行銷與市場研究人員：行銷與和市場研究需要對大量資料來進行吸收與篩選，再從中挖掘出新觀點，進一步做成市調報告。麥肯錫已經把這類工作，歸爲「高度受自動化影響」的職業。

4. 保險理賠人員：出險與索賠的資料，都可讓 AI 自動比照保險公司的歷史資料，來進一步完成核實工作。欺詐的狀況將會大幅降低，AI 自動精算的數值基礎，可靠度也更高。

5. 消費者放款：AI 擅長處理海量資料、做簡單的決策以及進行精準判定，而銀行放款款正好就屬於這類工作，專家也注意到 AI 技術下所批的專案違約率大大低於人工批准的專案。

6. 財經和體育記者：我們每天閱讀的諸多新聞，其實都是對相似事件的重複性描述進行歸納與撰稿，例如上市上櫃公司的年報與季報，還有棒球比賽與籃球比賽的新聞稿撰寫，未來 AI 甚至連殺人標題都能產出，網路小編也危險了。

7. 會計與財務分析師：單純的記帳工作，將是最先受到 AI 影響的職務，撰寫財務分析報告的研究員，也很可能被取代。

9. 基金經理人與機構投資人員：他們的投資判斷，都需

要吸收與閱讀大量的相關資訊，之後再進行投資決策，但這兩項工作都很容易被 AI 完成，而且在判斷買點與賣點時，不會發生人性不可避免的誤差。

10. 放射專科醫師：醫院中廣泛透過 X 光、MRI 或 CT，來診斷各種類型的癌症，但一位病患每次就要照數十張的片子，一位醫生閱片時長需 5-15 分鐘，非常考驗放射科醫生的眼力與精力，而 AI 的分析速度是人類醫生的 180 倍。

除了放射科醫生之外，外科醫生如今廣泛運用達文西機器人手臂進行開刀，透過醫生遠端操作，來模仿人類手腕關節精準進行切除，但危險程度高的手術，例如在脊椎部位，經驗再多的醫生都沒有辦法百分之百精準與長時間完美操作。未來以 AI 直接執刀的話，靈敏度會更高，並且降低開刀風險。

白領的高薪工作，確實是所有人職業化與社會化的目標。只是在「白領」這個名詞發明之前，人類在工業革命的時代，也曾把每天要步行 10 公里的「燈夫」，在黃昏前為大家點亮燈，在黎明時熄滅燈的職業，視為社會構成的重要工作；或者是在上百年前最時尚的保齡球館中，「保齡球瓶擺放工」也曾經是很潮的職業，但最後也被重置保齡球瓶的自動設備取代了。

05

被影響的職業證照工作

————————

　　白領工作之外，李開復也列出倉庫工人、速食店員、洗碗工、快遞員、保安人員、卡車司機、生產線質檢員等藍領工作會被 AI 影響。

　　以自駕公車為例，少了方向盤上的那雙手，車輛會自己左轉右轉，到達目的地後，自己還會倒車停車。這就是基於車輛感測與城市交通數據，來讓一台台的無人車，取代龐大規模的開車勞動力。

　　在日本，很多郊區的巴士司機都是六十或七十歲了，加上人口老化的缺工窘境，這造成自動駕駛技術，都是客運公司在投資！因為他們發現，將來會找不到司機。

　　台灣也不例外，年輕人誰愛當公車司機？

　　台灣建造一公里的捷運要砸 48 億台幣，輕軌是 18 億，如果以無人巴士來取代輕軌，造價會大大減少！而在兩條鐵

路之間，又是否還要再另外建一條鐵路呢？這段接駁路程，也可以用無人巴士來取代。

公車司機與大卡車司機，都需要考職業證照，小黃與多元計程車駕駛，也都需要考照，這是放眼各國政府的普遍規範。畢竟需要照顧大眾旅客的人身安全，以及長時間在路上行車，都需要更高標準的嚴格規範。

只不過，台灣國道大型載重車的事故，在 2022 年的死亡事故之肇事率為 0.006（件／百萬延車公里），為小客車肇事率 0.0016（件／百萬延車公里）之 3.75 倍。

至於以計程車為典型代表的營業用小客車，肇事率更是一般你我自用小客車肇事率 0.53 的 2.2 倍。

我們看到職業駕駛的肇事率居高不下，AI 自動駕駛有朝一日，會取代方向盤後面的人類大腦與雙手，但光是在台灣，影響的就是數以十萬計的專業司機從業人口。

美國舊金山在 2023 年 8 月 11 日，正式通過 Cruise 與 Wemo，全天候推出無人自駕計程車服務。可惜的是，在法案通過的隔一天晚上，Cruise 就發生旗下多輛「Robotaxi」無人計程車，因為網路頻寬受限，發生自駕車輛動彈不得，造成交通大打結。之後又發生 Cruise 自駕車，碾過且拖行路上另一起車禍的傷者，導致其死亡，使得 Cruise 在加州與全美各地的道路測試頓時停擺，該公司執行長 Kyle Vogt

請辭謝罪。

回顧深藍與 AlphaGo 的發展歷程，自駕車的「有朝一日」，確實不會那麼快發生。

如果從小眾與利基型的自駕車應用來看，全世界有三萬家高爾夫球場，以標準 18 洞的高爾夫球場計算，每個球場約需 60 台高爾夫球車，也就是說，全世界目前至少總計約有 180 萬台高爾夫球車在運作。短期之內，這類封閉式路線的路網，也更有利於自駕車的測試與普及。

另外值得注意的是，為了你我叫餐與外送方便，台灣街頭的 UberEats 與 Foodpanda 外送員，雖然不用考照認證，只要符合兩大平台的基礎規範，但他們也都是冒著馬路虎口的危險，用防護力較低的摩托車與電動車來工作，為您使命必達。然而，全台每年上千件的外送事故狀況，也是難以避免之殤。

用無人機進行外送，也是 Amazon 早在十多年前的嘗試了，這些廣義來說，都是會受 AI 影響的工作。2019 年全台外送員約為 4 萬 5000 人，2020 年疫情來臨，大幅提升至 8 萬 7000 人，2021 年達到 10 萬 2000 人，2022 年更超過至 14 萬 5000 人，他們背後可能是一個人的單身工作，也可能代表一個家庭的全額收入。

外送服務正大行其道，辛勤的外送員也正遍佈你我身

邊。不過如果等到「有朝一日」來臨，他們都是 AI 時代可能會消失的舊工作與老職業。

06

教育體系的向上顛覆

被顛覆的白領與藍領工作之外，教育體系受到 AI 的影響與變革，將會是更深遠的。

我們每個人在進入大學選擇科系前，會受 12 年的基礎教育，課堂上的課綱與教學方式，還有一本本的教科書，跟一百年前的私塾，其實沒有太大差別。智慧學校與教室，讓教師們應用了平板電腦與各種現代設備，但從學生受教的時長比例上，仍算是少數。

進入大學之後，學生以四年時間，踏上了某一專業與職業領域的入門磚。甚至在台灣，醫學系的訓練，需要花上七年時間，這是醫生專業的必要訓練。

為了獲得一份體面的白領工作，人類普遍要花將近二十年的歲月（如果加上幼兒園的話），進入教育體系中，歷經大考小考的篩選，最終寫出一份亮眼的履歷表，以成績與學

歷贏得企業人資面試官的青睞。

　　碩士與博士的學習歷程就更長了，學生在學校中，待上 20-25 年的時間，來獲得社會體系中更高位階的職業與職位。當然，我沒有資格貶低碩士與博士的價值，因為對於每一位獲得畢業證書的學生來說，都是無價的。

　　在三十年來的網路時代中，學校教育之外的學習，已經讓現在的小孩與青少年，提早進入社會化的過程。以前的小朋友吃飯配電視，現在的小朋友吃飯配手機與平板，都是提早社會化的表徵，只是手機與平板的資訊流通，比電視更快也更有效率了。

　　未來的小朋友，可能一邊吃飯，一邊戴著 Vision Pro 等 VR 或 XR 頭戴裝置，可能又會再次創造新物種。

　　在 VR 時代來臨前，Web 2.0 時代的例子是，YouTube 每月有三十億活躍用戶，其中將近九成的使用者，表示他們常用 YouTube 學習沒有接觸過的新鮮事。沒有學過烹飪的人，也沒有廚師證照的人，可以看 YouTube 影片，在自家廚房嘗試自學，弄出滿滿一桌佳餚菜色。

　　藍帶學校的教學方式要不要改變？擁有米其林經驗的烹飪老師還有價值嗎？政府頒發的廚師執照還有意義嗎？相信這些都是台灣與全球教育體系的大哉問。

　　消失的職業如燈夫與保齡球瓶擺放工，都可能向上牽動

教育體系的變革，但新科技創造的新職業，也會帶動師生教學方向的潮流轉變。

因為就算在 30 年前的 Web1.0 時代，也沒有人能預期到資訊安全分析師、數據資料管理員，或者是機器學習（Machiene Learning）工程師，這些當下熱門的白領職缺出現！更不用說，臉書小編、SEO 搜尋顧問，或者是 Discord 社群經理，想要從事這些新興職位的學生，能不能在學校中獲取專業訓練？

根據 ECMC Group 在 2022 年公布的調查發現，僅有 51% 的 Z 世代年輕人，想要攻讀四年制大學，2020 年的比例則為 71%。同一時間，56% 的受訪者認為，「技能型教育」，在當今世界更有意義與價值。

另外一大關鍵是，教育支出的漲幅，是薪水成長速度的八倍。根據統計，1950 年代美國人以家庭收入的三成，來支付子女的大學學費，但現在則需要花掉八成的家庭收入。美國的菁英教育聞名全球，但近四十年來的大學學費，漲幅達 1184% 也是世界第一。

不管上學值不值錢，畢業生能不能藉鍍金學歷找到一份好工作，達到自己與家庭翻身的目標？至少寫履歷這件事，AI 已經可以百分百為他們代勞了，微軟旗下的 LinkedIn，早在 2023 年 5 月開始就導入 AI 技術，協助用戶可以用 AI 協助撰寫用戶自我介紹了。

07

用戶數據是石油

　　這幾年來，我跟不少傳統媒體與新媒體同業聚會時，大家都愁眉苦臉，說到電子媒體新聞部與紙媒編輯部陸續裁員，問我究竟該如何突圍？

　　我簡要回應說，第一要取得「用戶」，第二要取得「用戶時長」，第三要取得「用戶數據」。

　　就像有人在家中訂閱報紙，有人在書店購買雜誌，新媒體一定要取得用戶，絕對不能落入流量陷阱。有了用戶的黏性與使用時長，才能夠建立用戶數據，這才是真正能夠可長可久的網路商業模式。

　　以 AI 來說，用戶規模與積累數據，就是發展基本面之一，但這正是台灣網路產業發展至今的硬傷！我們台灣用戶每分每秒透過手機創造的海量數據，以及寶貴隱私紀錄，都在跨國網路巨頭手上。

就像過去十年，「大數據」是台灣網路產業的顯學，但實際上台灣政府與網路業者們，都只有台灣用戶的「有限數據」。

創新工場創辦人李開復在 2016 年即語重心長的說，「台灣沒有一個足夠大的互聯網公司可以 drive AI 應用，也沒有好的 AI 應用案例！」

李開復擔心的是，台灣用戶數據越來越不能跨界分享，「如果自己沒有數據，也沒有平台獲取數據，那就很被動了！」

同樣是 2016 年，我開始研究大數據與人工智慧產業時，則察覺到機器能不能替人類做決定，應該就是 AI 的決勝關鍵。AI 必須基於一定程度的數據規模，機器才能從中學會做決定，這就像 AlphaGo 消化了無數棋譜後，才能一子一子打敗世界棋王。

我們再以無人車與無人巴士為例子，如有城市的交通大數據，就能更大規模的提升運量，也更大程度的讓機器自主上路。因為就算是再聰明的算法，跟機器學習與做決定，還是有很大的差別，無人車就是交給機器去判斷路況，讓車子自己控制方向與加速減速，這才是 AI 精髓。

AI 還能取代你的基金經理人，規避人性弱點，找到最佳買點與賣點。李開復很早就以 AI 來進行貨幣買賣、套

利、自選投資組合等理財行為，全都交給機器做決定。

　　根據台灣的金管會定義，自動化投資顧問服務（Robo-Advisor）也稱為「機器人理財」，是指應用 AI 及大數據分析，來為客戶投資理財建議的顧問服務，全無或極少以人工進行。截至 2023 年上半年，已有 16 家台灣金融業者開辦機器人理財業務，總客戶數近 17 萬人，資產規模高達新台幣72.31 億元，較前一年增加 25.93%。

　　Big Data 口號喊了多年，但台灣人多數的數據與隱私，都被臉書與 Google 等列強掌握，根本沒有本土的業者能夠取得足夠多的海量數據，進一步從資料中掘金。台灣創投界則笑稱，光是台灣一個健保署，就可以養出五隻獨角獸企業！因為包括龐大國民就醫資訊與歷年紀錄，他們呼籲在去識別化的合理使用範圍下，政府持有的國民數據，可以在適度規範下開放民間合作，或許可以彎道超車，在 AI 醫療上領先世界。

08

疫情為 AI 創造的發展契機

　　「危」與「機」在中文含義中，一是艱困挑戰，二是機運誕生，從科技應用的角度來說，新冠肺炎疫情全球蔓延，也創造了產業發展新契機。

　　大家都知道，遠距教學與遠程辦公，成了全球疫情當下工作環境的現在進行式，企業的數位化程度，此時立判高下！實體空間與線下營運的比例越重，對營收獲利的傷害越大。

　　至於在人工智慧領域，也在疫情時出現了許多新成功案例。例如騰訊的 AI 領軍產品「騰訊覓影」，就能在病患進行 CT 電腦斷層檢查後，最快 2 秒就能完成 AI 程式辨識，一分鐘內為醫生提供診斷參考。

　　因為一次胸部 CT 檢查，會產生 300 張影像，一位醫生閱片時長需 5-15 分鐘。在全球普遍確診的緊張時刻中，非

常考驗專科醫生的眼力與精力。

Google 的 AI 研究人員，在疫情前就已經利用電子病歷來預測患者住院的死亡率。在美國與全球陸續蒐集了超過 21 萬份樣本，準確率在 95% 上下。

台灣的長庚，以及諸多醫療院所，近兩年也以 AI 模型，來判斷 CT 影像中的癌症病灶。一直以來，台灣產業界在軟硬融合上的落後，直接導致新興技術找不著落地場景，疫情後在醫療場域中，肯定創造諸多轉機。

疫情時我們熟悉的場景是，機場設置的紅外線體溫辨識系統，在導入 AI 業者的模型後，就可以在高鐵站與捷運站等大規模人潮聚集處，迅速將體溫異常者辨識出來！這就能夠達到非接觸式遠距離測溫，降低現場檢測人員近距離受感染的風險，加上臉部自動辨識，甚至可以把通緝犯都一一揪出。

危機真的就是轉機，事後諸葛來看，疫情確實就是催生 AI 大規模應用的關鍵時刻，也順利找到了諸多落地應用場景。

09

輝達究竟在夯什麼？
AI 晶片與伺服器有什麼了不起？

　　2006 年，我到美國矽谷採訪輝達共同創辦人暨執行長黃仁勳，他當時剛過不惑之年，兩岸還有不少媒體記者，把黃仁勳的中文名字，常常誤植為「黃健森」。

　　黃仁勳當年親自向我介紹，座落在 101 高速公路旁，總計六大棟、3300 名員工的輝達新總部。輝達當時已經是全球第三大 IC 設計公司，僅次於高通（QUALCOMM）以及博通（Broadcom），「nVidia Inside」的電腦比率也愈來愈高，當時全球每兩台桌上型電腦出貨，就有一台是採用 NVIDIA 的繪圖晶片。

　　時隔十多年，到了 2023 年 6 月，終於擺脫疫情束縛的台北國際電腦展（Computex），迎來了超過一萬五千位海外買家，採購規模更比去年翻倍！尤其輝達正巧攀上一兆美元市值歷史高峰，黃仁勳的個人持股財富也達到一兆台幣，

更讓他在台北國際電腦展一枝獨秀，成為最具話語權與影響力的「AI教父」。

這一位在台灣出生，小時候在泰國住了好幾年，美國求學長大的黃皮膚高科技創業家，用台語金句與親和力順利出圈，成了當下台灣社會的風雲人物。從財經雜誌封面到內容農場八卦文，也都把他與輝達的「H100」AI晶片與顯示卡深入分析，甚至連兒女家庭成員動態，都一一挖出來賺飽流量。

有趣的是，黃仁勳的生日，是1963年2月17日。同樣在這一天，NBA的籃球之神喬丹（Michael Jordan）也呱呱落地。兩個人，在迥異領域各自登上世界第一，十足就是美國夢的代表。黃仁勳與喬丹更相似的是，兩個人都是各自領域早發的明星，回顧2001年的美國《財星》（Fortune）雜誌統計，全美40歲以下的富豪排行榜，兩人正巧接著排行13與14名。

除了OpenAI之外，美國各大科技巨頭，也對輝達H100的需求居高不下，包括Meta、Google、微軟、蘋果、特斯拉，大家都在積極投入AI領域，2023-2024年的總需求，就高達43.2萬張H100顯示卡，市價就超過150億美元。而這還僅是美國本土的需求，尚未統計海外的需求，就看得出來H100有多搶手。

包括廣達旗下的雲達科技，以及英業達採用 H100 的 8-GPU 伺服器出貨滿載，都讓他們的股價一飛沖天！緯創則為 H100 伺服器 GPU 基板之主要供應商，也為輝達伺服器擴建新產能，讓電子五哥們再次回到全球舞台上，成為最佳男主角。

根據集邦市調，2023 年 AI 伺服器出貨量將近 120 萬台，較 2022 年成長 38.4%！2022 年至 2026 年複合成長率可望達到 29% 高標準。

不讓輝達專美於前，AMD 執行長蘇姿丰則在 2023 年 7 月於舊金山發表 AI 晶片 MI300X，採用台積電 3 奈米先進製程，在 2023 年第 4 季量產。她強調，這是最複雜、難度最高的晶片產品，包含先進製程技術、CoWos 封裝與超高頻寬記憶體於一身。

蘇姿丰緊接在黃仁勳之後訪台，也掀起「AI 女王」旋風。她行程中最重要的，是拜訪台積電固樁先進製程產能，也要讓台灣上中下游合作夥伴，完整了解 AMD 在 AI 方向上的發展藍圖與策略。

輝達與 AMD 都是半導體上游的 IC 設計業者，他們設計好的晶片，會託付給中游的台積電與聯電等晶圓代工業者製造，接著再交給下游的日月光等封裝測試業者，這是台灣的半導體產業鏈強項。

台積電的成功不用贅述，台灣在晶圓代工市占率全球第一，尤其在 2 到 3 奈米先進製程的領先，把曾經的王者英特爾遠遠甩在後頭。

　　英特爾榮譽董事長摩爾提出的「摩爾定律」，是指一個尺寸相同的晶片上，所容納的電晶體數量，因先進製程技術的提升，每 18 個月會加倍，但售價相同。至於晶片的容量，是以電晶體（Transistor）的數量多寡來估計，電晶體愈多則晶片執行運算的速度愈快，製程技術也越困難。

　　以電腦 CPU 多年來雄踞全球半導體王者的英特爾，長年領先兩到三個世代的製程技術，這讓我們的電腦都認「Intel Inside」，AMD 也只能永遠屈居 CPU 的備胎老二。

　　過去 10 至 15 年，台積電在先進製程勵精圖治，而英特爾不進反退，現在反而是台積電領先英特爾兩到三個世代的製程技術。你我愛用的 iPhone 中，從 2016 年採用 16 奈米的「A10 Fusion」晶片開始，就全都是台積電製造出來的先進製程晶片了。

　　蘋果如今是台積電最大客戶，占台積電兩成以上的營收，而蘇姿丰也因為捨棄了同門的格羅方德（Global Foundry）晶圓廠，全力擁抱台積電，才能在 CPU 晶片市場上，有了超車英特爾的機會。更不用說，高通的 Snapdragon 與博通的通訊晶片，也都要靠台積電的先進製程，在華為遭

美國禁運先進晶片，台積電不得再爲海思製造高階製程晶片後，在手機品牌市場頓時就失去競爭力了。

台積電在 2023 年的法人說明會上，也明白表示，AI 晶片需求釋出在 2028 年之前，將以近 50% 的年複合成長率快速增長，占台積電的營收比重，屆時將達到 11% 至 13% 之間。

市場研究及調查機構 Gartner 指出，2023 年全球用於 AI 領域的半導體營收預估達到 534 億美元，2024 年將成長 25.6%，達到 671 億美元。直到 2027 年，AI 相關晶片營收會比 2023 年的市場規模成長一倍以上，達到 1194 億美元。

力積電董事長黃崇仁，也積極趕上這一波趨勢，他認爲要讓 AI 無所不在，就必須先做到 AI 晶片的高度平民化。他對鏡傳媒公開分析說，輝達目前推出的 AI 晶片，每顆要價上萬美元，但是如同好萊塢電影中，以全 AI 運作的機器人，每根手指上都需要一顆 AI 晶片，肯定需要更便宜的 AI 晶片，價格必須下降幾十塊美金的水平。

「台灣在人工智慧潮流裡最大的優勢就是半導體非常強，如果能夠抓住這次機會，將是提升國家競爭力很好的一次機會！」人工智慧新創公司耐能智慧（Kneron）創辦人暨執行長劉峻誠強調。耐能智慧於 2015 年在美國聖地牙哥創立，提供完整的終端人工智慧以及軟硬體整合的解決方案，

致力滿足大從自動駕駛、智能冰箱，小至門鈴或各式 AIoT 產品的需求，並藉由自研的輕量級可重構神經網路架構，解決了邊緣 AI 設備所面臨的延遲、安全性、成本等三個主要問題，從而使 AI 無處不在。

從輝達到台積電，從耐能到力積電，看得出來台灣在半導體與硬體上，都已經準備好了！一直以來，我都很擔心，台灣在軟體網路上的失落，會趕不上這一波 AI 趨勢，但確實是我多慮了，因為我們在半導體與伺服器等支柱產業上，仍扮演了拱心石的角色。

2013 至 2018 年，AI 將創造 1500 億美元商機，這將驅動 2030 年全球半導體的總產值，上看一兆美元大關，而台灣的硬體供應鏈，仍具有舉足輕重的關鍵地位。

10

台灣是工人智慧還是人工智慧

———————

中文真的很有趣，人工智慧反過來是工人智慧，人工美女反過來不是 AI 美女。

我們記得，政府很早就喊出「多用網路、少用馬路」的口號，包括報稅與各種相關申請工作，逐步也有越來越大的比例，可以透過網路完成。為你我節省下的時間與效率，以及龐大公務體系的冗長流程，都是正面效應。

以網銀來說，透過 App 轉帳，也早已是你我日常。你在餐廳缺了現金付帳，還可以跟路人或店員交換 LINE，立刻達成換錢的目的，這都是電子支付的體驗。

只不過，回到銀行開戶，台灣跟日本一樣，是全球唯二仍在使用印章的國家。沿襲數百年的工人智慧，以及躲不掉的古人思維，還是在社會底層中運作。

舉例來說，在電子發票與載具普及前，光是因為消費者

無法收到發票，沒有紙本發票兌獎的大哉問，就造成了台灣電商產業被掐住了脖子。

不論誰執政，勞基法的工時相關規範，仍是基於「勞力密集」產業供需來審定，跟網路市場與發展環境實在落差太大。軟體網路是「智慧密集」產業，幾個大男生，用幾個月時間，就可以寫出改變世界的區塊鏈智能合約與 App，Meta 跟 Google 不就是最好的例子？他們在自家住宅車庫中創業時，又有誰會想到每天該加班多久，又有沒有勞檢人員會來訪視工作環境與糾舉？

Google 台灣分公司的主管與員工，他們會介意上班強制性打卡嗎？101 大樓辦公室當中的 Google 菁英，又真的會申請加班費嗎？但當勞基法規定勞工的上下班時間，需要註明到每時每分，還要嚴格看管加班時數，Google 的 HR 主管，可真是傷透腦筋了。

勞基法只是一個例子，當政策底層思維與法規，仍然與網路新創產業有著最遙遠的距離時，台灣還要花多少時間走上對的新路？畢竟「轉型升級」只是偽議題，鴻海能不能養出 Google，又或者宏碁與華碩能不能打造出一家 Facebook，答案肯定是否定的。

當然，電子五哥們只要守著原先的硬體專長，不論網路典範如何改變，都還是能賺到上游的製造財與管理財，這是

台灣以不變應萬變的思維。

第二篇

Web3 與元宇宙，
區塊鏈會抹平誰？

2016 年 AlphaGO 掀起前一波的 AI 熱潮後，AI 陷入了超過六年的沉寂低谷，找不著 to C 應用。

區塊鏈的世界，則在 2017 年的 ICO（Initial Coin Offering，首次代幣公開發行）風潮後，迎來 2018 年的比特幣攀上兩萬美元歷史高點，加密貨幣頓時成為當紅炸子雞。

新科技的發展當然不是一帆風順。2019 到 2020 年，比特幣回檔到一萬美元以下的低點，但「幣圈一天、人間一年」，比特幣很快又在 2021 年衝上六萬美元新高峰。

臉書公司在當年也改名為 Meta，昭示元宇宙（Metaverse）的時代來臨，2022 年又迎來了 NFT 的新熱潮，Web3.0 也成為夯詞。

只不過，NFT 市場急速結凍，DeFi（去中心化金融）頻傳被駭，加密貨幣行情上沖下洗，都讓元宇宙跟 Web3 發展不是一帆風順，好比洗三溫暖，圈內人冷暖自知。Meta 創辦人祖克柏，也曾規劃推出與美元 1:1 綁定的穩定幣「Libra」，但此一挑戰美元霸權的做法，加上 Meta 素行不良，也被美國政府打了回票胎死腹中。

元宇宙與 Web3，確實還沒有如同 AI 一樣，已經顛覆你我每個人的日常生活。以元宇宙產業的主要支柱之一，AR（擴增實境）與 VR（虛擬實境）都不是新鮮貨，HTC 與 Meta 旗下的 Oculus 早就都推出了頭戴裝置，但每年出貨量

少得可憐，好不容易等到蘋果在 2023 年發表了 Vision Pro，才有了重新開啟引擎的動力。

只不過，央行數位貨幣（CBDC）與穩定幣（Stable Coin），還有比特幣與以太幣，已經上看五億人持有，加上各種上鏈落地場景的多元應用，區塊鏈與 Web3 整體產業，不需要像人工智慧一樣，要再花上四十年時間，千呼萬喚才能夠普及。

我們是樂觀的。例如 OPEN AI 創辦人 Sam Altman 發行的世界幣（World Coin），一推出就有兩百萬人搶先註冊。

至於台灣呢？

我們回顧 Web1 時代，阿里巴巴創辦人馬雲曾說，台灣趕了個早市，在 1990 年代可以說是全球的發展重鎮之一，比大陸發展得快，PTT 就是當時的產物。延續到今日，台灣流量最大的前一百大網站，仍有五成以上是台灣本土網站，內容農場也都還是台灣本土業者經營的。

Web1 的在地首大平台，自然是奇摩站，但在 2001 年被雅虎收購之後，奇摩站順利融入了全球雅虎的大家庭中。不過，雅虎早已喪失創新能力，市值也每況愈下，只能採取購併方式來成長，在台灣也陸續買下了興奇科技與無名小站，在美國也併購了 Flicker 與 Tumblr，但仍被時代洪流所拋棄了。反過來說，台灣一直是雅虎在美國之外，全球的第二大

市場，這就看得出來台灣在 Web1 停滯多久了。

2005 年開始的 Web2 時代，乃至於智慧型手機接連創造的移動互聯網（Mobile Internet）時代，台灣市場則被完整殖民了，你我手機最常用的前十大 App，全部都是跨國網路巨頭推出的。

在 Web1 時代曾經一馬當先的 PChome，好比曾經輝煌的 IDM 半導體巨頭，如今在 Web 2 時代中，同樣被蝦皮拍賣與 MoMo 顛覆了。

典範總在轉移，這是商業世界不變的真理。當手機終端攫取了多數人的多數時間，只剩下少數人與少數時間，仍在電腦等傳統載具上逗留。試問，誰會不做多數人的生意？

至於 Web2 的 UGC 潮流，不論是 YouTuber 與 KOL，也都是在跨國平台上創作，好處是能夠獲得國際閱聽人的眼球，壞處則是廣告分潤人家說了算，內容監管更毫無置喙之處！從 Web1 遞嬗到 Web2 的時間點上，台灣不是沒有機會，PTT 與無名小站也曾名列亞洲最大流量的網站，但就是輸在了移動平台經濟的落後，以及 App 對網站的顛覆。

二十世紀的第三個十年，Web3 時代也正式到來，人工智慧與區塊鏈，正在賦能新世界。宏碁創辦人施振榮分析說，新興科技出現再商轉到社會中最快要五年，大量普及則是五到十年，現在看來，Web3 終將到來，甚至歐盟都已訂

定 Web4 定義及標準。

　　雖然元宇宙概念還需要等待，VR 與 AR 設備尚未普及，但蘋果的 Vision PRO 已經推出，全世界已經有超過五億人持有加密貨幣，我們確實不能低估未來十年 Web3 的美好願景。

11

從 Crypto 到 Blockchain 到 Web3

　　區塊鏈產業，堪稱是目前最難懂的科技領域了！畢竟專有名詞真的太多，科普的 YouTube 影片都看不完，中英文專書厚得要命，真的不容易 Do Your Own Research（DOYR），更不可能一下子搞懂了。

　　簡單的說，區塊鏈產業，分為「鏈」「幣」「礦」三部分。

　　鏈的部分，簡單的說，就是一個檔案要存放在鏈上。我們電腦跟手機裡面，有很多照片跟檔案存放在裡頭，也就是「端」（Device）的做法；如果這個檔案是存放在遠端的伺服器當中，也就是存放在「雲」（Cloud）上，例如你我常用的 Gmail，email 內的附加檔案，在下載到手機或筆電之前，都是存放在 Google 的伺服器當中。如果同樣的這個檔案，今天我們上傳到以太坊（Ethereum）等公鏈上，也就是完成上鏈的動作了。

幣的部分，簡單的說，則是一個上鏈的檔案，可以被用來進行金流與交易。任何一個上鏈的檔案，因為擁有不可篡改等特性，好比台灣政府發行的每一張新台幣紙鈔上，都有專屬的一組編號，因此你我都接受這一張紙的價值。當此一上鏈檔案以 Token 的形式流通，即成為加密貨幣（Crypto Currency），在台灣也稱為「虛擬通貨」，如同 LINE POINTS 與 Happy Go 點數可以進行兌換與金流。

　　礦的部分，簡單的說，是在區塊鏈的世界中，有許多的公鏈（Public Chain）來讓全世界的人上傳與傳放檔案，因此需要礦工們，來投入更多的算力，以延展與擴大公鏈的規模。例如規模最大的以太坊（Etherenum），長年來各國都有大型礦場，而礦工們則獲得以 Proof-of-Work（PoW），也就是電腦礦機設備的計算能力產出，換得以太幣（ETH）的回報。

　　中國大陸在 2017 年「禁幣」，2021 年「禁礦」，但中國領導人習近平也曾在 2019 年鼓勵鏈的應用，包括司法判決書與學歷上鏈，還有壽險與產險的保單上鏈，在政策上都已積極推動。

　　「鏈」「幣」「礦」分開來看且不要搞混，就是進入區塊鏈產業的最基礎了。

　　也因為「幣」能夠確保個人的虛擬資產，因此到了 Web

3.0 的時代，就成爲最重要的發展基石。前面我們提到你持有 LINE POINTS 與 Happy Go 點數，其實都是存放在這些公司的伺服器當中，但只要 LINE 的老闆一高興，隨時就可以在伺服器中核發 1000 萬的 LINE POINTS 給你，你就成了 LINE POINTS 大富翁（笑），而不需要被公開查核的。

同樣的，如今 Web 2.0 時代，你我熟悉的手機遊戲中，稀有的寶劍與盔甲，在現實世界中，都是有著行情，甚至可以用新台幣買賣轉換的。但是，手機遊戲公司的老闆一高興，同樣在伺服器隨手更改了一下限量的數值，多送了一把珍貴寶劍給你，也是很難被發現的。

如果 LINE POINTS 與手遊寶劍，都上鏈註記了，所有的轉換與交易，都是可以在鏈上被公開查核的。好比電影《一級玩家》（Ready Player One）的 Web3 虛擬世界，男主角「帕西法爾」所持有的寶物與金幣，可以在「綠洲」（Oasis）遊戲世界中轉換與交易。

你一定會說，大壞蛋索倫托（Nolan Sorrento）也拿著很多獨一無二的武器，會不會受到所有綠洲玩家查核呢？這就是眞實世界中，剛剛啟動與萌芽的 Web3 時代，未來最大的課題了。

12

上鏈應用新未來

我們每分每秒離不開的手機中，每天要進入上百個 App 與網站，以及網路服務的平台當中，多數服務與檔案其實都是在雲端上運作，僅有少部分是在你的手機當中運作，這是二十年前很難想像的雲端生活。

「一日之所需，百工斯為備」這句占語，如果用在你我的數位生活中，可能會是「一日之所需，千萬工斯為備」！畢竟光是蘋果與 Google，Meta 與微軟，還有眾多大大小小遍及全球的網路公司，正有數以千萬計的資訊從業人員，共同建設構成了你我與全球 50 億上網人口的數位生活。

如同前文提到，這些準備被你我使用的檔案，都是存放在「雲」與「端」之中，已經儲存上「鏈」的，仍是少數中的少數，真的非常稀有，甚至你一天都不會用到一個鏈上檔案！但鏈上檔案卻有很多功效與優勢，比雲跟端都厲害。

舉例來說，如果全世界所有學校，從小學到大學，從學士到博士，把所有學生的畢業證書上鏈，可以創造多大的規模效率？以台灣大學來說，一年畢業生人數不到一萬人，一萬張畢業證書上鏈的話，也就是一萬個 A4 大小的單頁檔案，成本非常低廉，但學生可以隨時隨地在鏈上存取，去求職的時候，也只要提供鏈上地址就可以供人資查詢真偽。

　　台灣與歐美各國的學校，也不用再為學生補發畢業證書，甚至面對台灣諸多政治人物的學位爭議查詢時，也只要提供鏈上地址就可以了。

　　當然學歷上鏈仍是小規模的試點，我們講了多時，仍然沒有大規模普及。台灣區塊鏈大聯盟與民間諸多單位，歷年來推動區塊鏈技術的落地應用越來越廣泛，如今已拓展至包括醫療、製造、農業、運輸、數位版權及公共事務等多元領域。

　　早在 2020 年，法務部推出的「律師查詢系統」，就以區塊鏈認證律師證書，讓民眾核實委任律師是否符合受託資格。法務部把全台灣所有律師的證書上傳到以太鏈上，同樣發揮不可篡改的功能，解決難以提防的「冒牌律師」問題。

　　中華民國數位金融交易暨資料保護協會，則持續推動電子保單上鏈，因為紙本保單約有 100 頁，電子化之後不僅可以少砍伐兩萬棵樹，更大幅降低 5.35 億元的紙本成本。電

子保單透過區塊鏈、數位簽章、PDF 簽章、時戳簽章技術，所有投保與異動的歷程都在鏈上；民眾在出險時，還可以透過保險公司網站或 App 進行單一窗口申請，再由聯盟鏈傳送申請資料，進入壽險公會的保險科技運用共享平台，而共享平台則會傳送申請資料給合作保險公司。

除了律師證書與保單之外，2021 年因為萊豬入台，讓台灣好豬的「生產履歷」上鏈，備受雲林等養豬大縣青睞，雲林的「零瘦肉精聯盟」，已經將率先將豬肉產品溯源上鏈，建立從飼料廠、畜牧場、分切加工廠到餐桌透明化歷程。

再以港口航運為例，高雄港有 150 多條全球航線，若運用區塊鏈及智能合約，就能節省人力、物力、財力，並可有效節省 20 至 30%的成本。

至於以區塊鏈來嘗試進行選舉投票，例如投票前的身分驗證，或是投票完成即上鏈不可更改，都已是技術上可行的環節。

台灣人愛排隊，愛到連投票都大排長龍，確實又搏到了國際媒體版面。只不過，2018 年六都與縣市長大選投開票所外的血汗隊伍，不是買愛瘋與吃拉麵的年輕人，而是老先生與老太太，甚至有很多坐在輪椅上的辛苦人！現行的選舉方式，還可以維持數十年不改嗎？

數十年？因為過去數十年就是如此投票，雖然網路科技日新月異，但是創新技術只要到了內政部與中選會，一定就會被打回票，所以可以預期未來數十年，還是會延續下去。

海外台商與台勞，呼籲了多年的不在籍投票，愛沙尼亞「i Voting」線上投票也早在 2005 年就上路施行，但是內政部充耳不聞。如今的區塊鏈技術，也能夠達到中心化與不可竄改的目標，可追蹤性與加密安全性更是不需質疑，但為何國家機器仍然不願意考慮施行？

答案肯定是，墨守成規。從上億張選舉公報的印製，數千萬張選票的層層戒護，投開票所的數十萬人力與警力，種種都是低效率的老規矩。

網路普及了二十多年，智慧型手機也有十多年歷程，AI與區塊鏈時代也已來臨，台灣總統與各級選舉卻跟清朝科舉一樣，還是要在紙上完成。如果不改，還是會有發生下一次候選人提出「選舉無效」訴訟的可能性。

2017 年 11 月，瑞士的楚格市，讓民眾透過手機下載「uPort」進行投票並完成上鏈，大幅提升公正性與選務透明度。剛剛結束的美國期中選舉，西維吉尼亞州讓海外駐軍，以新創公司 Voatz 平台，先建立高度完整的 KYC 用戶資料，包括臉部自拍，指紋與虹膜掃描，投票行為則同樣是匿名完成。

當然，單一公司開發的平台，總是會有被駭或開後門的疑慮，就算是國家開發的技術平台，肯定也不可能百分百沒有資安疑慮。只要有人與選舉的地方，也會有暴力挾持或金錢賄選情事，這些都是必須一步又一步，逐漸導入區塊鏈技術的必要性。

　　另外，加密貨幣與智能合約的應用，也對政治獻金的運作，有很大的想像空間。舉例來說，每一筆政治獻金可以依照政見實行進度，來分階段發放。

　　政治人物的區塊鏈錢包，以及陸續收受的加密貨幣與政治獻金，也都是不可篡改與公開金額的。與其讓政客偷偷摸摸收鈔票，多了還要藏在院子水池裡，不如都以區塊鏈技術賦能。

　　在區塊鏈技術之前，愛沙尼亞的電子投票做法是，人民可以在遠端透過網路投票，但因為沒有辦法確定是不是有人在後面拿著槍逼迫投票，所以後票可以蓋前票，或者是最後再走進投票所，蓋掉原先的電子票，十多年來都沒有發生大規模爭議。

　　更實際的例子是，先前美國總統大選的郵寄選票爭議，如果能以區塊鏈來進行投票，從投票前的身分驗證，到投票結果後的上鏈不可更改，都已是技術上可行的環節，就是政府能不能跟上時代的決心了。

我們投票選賢與能，投票的環節卻不容質疑，這是內政部與中選會經年的老大心態。以 2021 年的四大公投為例，選民們在冷天意興闌珊，導致實際投票率只有 41％上下，但是根據中選會的預算估計，仍編列了 9.2 億支出，由全體納稅人買單。

錢花到哪去了？包括全台灣家戶數達 900 萬，一大張選舉公報成本 10 元，就要花 9000 萬元。選務現場的人力配置，以一個投開票所以 10 人來簡化計算，全台 1.7 萬個投票所，就要 17 萬位工作人員，每人單日工作費用也要超過 2000 元。

回顧 2018 年縣市長投票綁定十大公投的相關人力與物力成本，總預算更是超過 14 億元！大家都知道選舉勞民傷財，中選會也曾公布 2018 年的選舉合併公投，選民整體的「不滿意度」高達 68.6％！包括投票動線規劃不滿意度 60.9％、開票速度不滿意度 62.5％、開票作業不公正之比率 44.2％，都是讓人大搖其頭。

關鍵在於，中選會肯定不會諮詢數位發展部的新思維與新作法！政府公部門不該再因循明清時代的老舊思維，要與民間攜手開創更多具有全球示範意義的新場域。

從上述例子可以看得出來，檔案儲存在鏈上的價值，已經慢慢發揮出來，特別是「有價值」的檔案！未來二十年，

鏈上檔案會不會像如今的雲上檔案一樣普遍，相信是非常樂
觀的。

13

加密貨幣的十億持幣人

　　「鏈」的檔案應用確實還不多，從用戶使用規模來看，「幣」仍是整體區塊鏈產業中，受到最多人認可與進場持有的！

　　疫情後的無限量 QE 大撒幣，造成各國法幣競相貶值，加上星展、富達等主流金融機構，以及特斯拉、MicroStrategy、PayPal 等矽谷科技巨頭紛紛入場，都讓加密貨幣在 2021 年成為當紅炸子雞。受益於比特幣衝破六萬美元歷史高峰，帶動各種加密貨幣全線行情飛漲，以及上億新手投資人搶進持有，在暴衝牛市的 2021 年底，整體加密貨幣市值超過兩兆美元。

　　只不過，2021 年進場的小白投資人們，都沒有經歷過加密貨幣總是上沖下洗的行情，牛市熊市的轉換，更是遠比傳統金融標的快得多！在 2022 年 FTX 交易所暴雷停運事件

後，就連特斯拉等科技巨頭，都陷入手上比特幣大幅貶值，甚至虧損出脫的窘境，確實是一場震撼教育。

再往前回顧 2018 至 2020 年，比特幣在兩萬美元以下持續盤整，有許多投資人更是在三千美元價位入場，之後都賺得盆滿缽滿。截至 2023 年的估計，全球上看五億人認可比特幣等加密貨幣價格與價值，如果按照諸多調查機構估計，三至五年內如有超過十億人進場持幣，長線確實依然看好。

方舟投資創辦人「木頭姐」Cathie Wood 大膽預測，比特幣會在漲到 60 萬美元後，在 2030 年達到 150 萬美元。

針對比特幣與加密貨幣的樂觀與悲觀預估總是很多，如同木頭姐提出的「天啟」式預言更多，只不過可以印證的是，在 2023 年至少有將近五億人，已經接受比特幣在三萬美元上下的基礎價位；就跟在 2019-2020 年，多數投資人習慣的是 3000-5000 美元的比特幣價位。

你心動了嗎？

14

惡貫滿盈的 FTX

全球第二大加密貨幣交易所 FTX，在 2022 年 11 月停止營運後驚傳破產倒閉，造成數千萬活躍用戶，多達數十億美金資產無法出金！就連在台灣，估計就有 30 萬投資人受影響，超過 150 億台幣資產去向不明。

去向不明？原因是在 FTX 暫停出入金之後，交易所系統已經遭到駭客入侵，初估有六億美元不翼而飛。更嚴重的是，當年剛過 30 歲生日的 FTX 創辦人 Sam Bankman-Fried（簡稱 SBF），在這場幣圈雷曼風暴發生前，就已經將 FTX 用戶上百億美元資產，任意搬移到旗下各個子公司，進行財務槓桿與融資操作，甚至是用來購買豪宅。

關鍵在於，FTX 亟欲打造全球最大的加密貨幣生態系統，SBF 過去在接受富比士等財經雜誌採訪時，也毫不保留他的龐大野心。他不僅花了大錢在華盛頓特區進行政策

遊說，還以 1.35 億美元長期冠名 NBA 邁阿密熱火隊「FTX Arena」籃球館，贊助棒球好手大谷翔平也不手軟，目標就是要吸引年輕族群在 FTX 註冊開戶。

大家都知道，小白韭菜不愛投資只愛投機，風險意識低落。只不過，此次 FTX 事件，波及到許多專業投資機構，上下游同業公司，以及幣圈老鳥們。

FTX 估值最高達 320 億美元，持有 1.1% 股權的紅杉資本，以及淡馬錫和 Paradigm 等 FTX 早期股東，已經公告認賠殺出，不再認列持股價值。重整中的 FTX 團隊，一方面要面對超過 60 億美金的資金缺口，一方面更要面對長期來自投資人的索賠訴訟，確實不易重整成功。

至於台灣的散戶投資人，在 FTX 等境外交易所完成註冊，並存入加密貨幣資產後，完全都是自主行為，台灣政府與金管會完全無法保障。以 30 萬 FTX 用戶估計，每人存入五萬台幣資產，就有超過 150 億台幣曝險，也有幣圈資深玩家，超過九成的身家資產皆無法提領，甚至有人資金缺口太大，影響生計而影響身心健康。

在台灣有營業登記的公司，用戶都還找得到客服申訴，但主管機關難以監管的是，多家交易所與跨境資產管理平台，在台灣都沒有申設公司。像是 FTX 與 JPEX 等境外交易所，在台灣長期大手筆行銷宣傳，還找網紅與年輕社群領

袖鼓吹「吸金」，出了事之後，韭菜散戶根本求償無門，連寫英文 email 找海外律師求償都不會，真的是血淚教訓。

15

幣圈一天、人間一年

———

　　我們回顧 2022 年，確實是區塊鏈產業的關鍵年度。因為元宇宙的美麗新世界，還有話題最夯的 Web 3.0 趨勢，竟然從高峰跌落谷底，再次見證「幣圈一天、人間一年」的行內話。

　　回顧 2021 年底，臉書公司更名 Meta 後衝破一兆美元市值大關，但一年後卻蒸發了七成，相當於一整個台灣的 GDP。宏達電也在同一時間股價大漲三倍後，如今從宇宙被打入凡塵，2022 年全球 VR 裝置出貨量更只有 858 萬台，竟然比 2021 年下滑 5.3%。

　　包含比特幣在內的加密貨幣市值，則是從三兆美元最高峰，暴跌了七成。尤其 FTX 交易所暴雷倒閉，數百億美元資產曝險拿不回來，真的是連資深投資人與大型機構，都被割了韭菜。

至於 2021 年下半年開始大爆發的 NFT 市場，交易量也狂跌，只有巔峰時的零頭。2022 年全球 NFT 總交易量為 555 億美元，第一季為 125 億美元，第二季跌到 84 億美元，第三季則為 34 億美元，第四季僅為 19 億美元。

　　腰斬再腰斬！NFT 與加密貨幣主張的虛擬資產所有權，是進入元宇宙跟 Web3.0 的鑰匙，但如今連祖克柏都找不著元宇宙的大門，你我還需要鑰匙嗎？

　　台灣本土的 DeFi（去中心化金融）與資產管理平台 Steaker，則是讓台灣投資人的上千萬美元資金在 FTX 曝險後，進一步爆出非法從事金融特許業務，以穩定幣進行吸金，更是重傷台灣幣圈。

　　更關鍵的是，DeFi 的被駭風險難免，2021-2023 年每一季都有大型 DeFi 平台資安出問題，同樣是數十億美元的加密貨幣憑空消失。DeFi 的開源立意良善，跨越中心化金融機構讓全球資金高速流動，但風險實在難控。

　　Google 台灣前董事總經理簡立峰觀察，這一波市場急跌局勢，與 2000 年網路泡沫股災相似，但大家不要太過悲觀，因為網路泡沫後，高科技軟硬體產業迎來二十年大多頭發展，「現在全球正在經歷，比當年還要龐大五倍的數位經濟轉折點！」

　　「下一波的動能，很明顯來自於 AI 與 SaaS，如果台灣

沒能搭上這波數位經濟,將失去許多機會!」簡立峰樂觀的說,他經手協助的新創達三十多家,預估在 2027 年之前,都有 IPO 機會,其中有三分之二會選擇赴海外掛牌,以拓展資金及市場規模。

　　套句股市作手的老話,行情總在絕望中誕生!低點正是投資人與新創團隊逢低進行全球佈局的最佳時機,寒冬後的春天應當不遠了。

16

CBDC 與數位新台幣的夢想

2022 年，BTM 與 NFT 成為立委們的質詢焦點後，行政院各部會官員都正在積極研究區塊鏈與加密貨幣的新興趨勢，特別是新成立的數位發展部，更是肩負起了「發展」重任！官員們也慢慢知道了，除了比特幣等行情波動的功能性代幣外（Utility Token）外，也有 1:1 掛鉤美元的穩定幣（Stable Coin）等多元種類加密貨幣。

只不過，中央銀行揣著不放的「數位新台幣」（CBDC），一直都還在研議階段，「千呼萬喚不出來」沒有明確推出期程。

「數位人民幣」在 2021-2022 年的交易額已經達到 412 億台幣規模，尤其在北京冬奧，更是在短短十天內衝上 86 億台幣交易規模。在俄烏戰爭後，俄羅斯被美國主導的 SWIFT 封鎖，在跨境金流與結算上一夕中斷，大陸勢必要

建立更為獨立的人民幣結算網路，更要藉數位人民幣挑戰紙鈔美元的壟斷霸權。

雖然大陸的金融科技跑在前頭，但熟悉使用支票的美國社會，也正推動「數位美元」的發展，美國總統拜登並已在2022年下達行政命令！美國財政部長葉倫明言，數位美元就是要讓美國人更輕鬆地匯款和收款，包括「FedNow」平台的推動，將能讓用戶隨時進行帳單付款、薪水支付和其他常見的金流轉帳。

關鍵在於，掛鉤美元的穩定幣如 USDT 與 USDC，流通市值早就超過一千億美元！也就是說，美國聯準會再不加把勁，以後當所有美國人與全世界，都以 USDT 與 USDC 流通時，這兩家民營公司，就會成為新時代的全球央行。

2019 年，尚未更名的臉書公司，企圖推出同樣掛鉤美元的「Libra」穩定幣時，就被美國政府持續打壓，如今已胎死腹中。最簡單的推測是，當全球超過 30 億的臉書與 WhatsApp 全球用戶，如果都習慣用 Libra 作為金流工具，聯準會的美元體系當然會被撼動。

Meta 公司有全球 30 億用戶，但是創辦人祖克柏，當時在華盛頓特區的聽證會上吃癟。關鍵在於，臉書素行不良，他甚至遭民主黨國會議員痛斥，「你學會不撒謊了嗎？」

祖克柏被盤問得狗急跳牆，退無可退的說，臉書可以

退出 Libra 此一國際組織，但美國政府不應阻擾此一重大創新。他甚至語帶威脅的說，「當我們在談論這些事情的時候，其他地方並沒有在等待。」

祖克柏格所謂的「其他地方」，當然就是中國。如果人民銀行的數位貨幣策略奏效，過去難以取代的國際美元霸權，很可能會被人民幣數位貨幣顛覆。

簡單的說，美元如今全球暢行，人民幣未來如果順利搭配支付寶與微信支付，全球數十億人在手機上，都可能以人民幣進行交易。截至 2022 年底，中國央行已將數字人民幣納入其經濟流通現金量的計算中，當年未償付的電子人民幣總額達到 136.1 億元人民幣，約合 20 億美元。

如果人民幣成為「新世界貨幣」，對於小國的貨幣與外匯體系來說，將造成很大的震撼。先不論遠在非洲與中南美洲的小國貨幣，七百萬人口使用的港幣，以及二千三百萬人使用的新台幣，在地緣關係上，極有可能很快受到影響。

關鍵在於，數位貨幣可以節省發行資金，更精準的掌控通膨與經濟指標，更可有效遏阻洗錢等非法金流！你我在手機上，轉瞬之間就可完成交易收付。

大國的貨幣戰爭不停歇，小國如薩爾瓦多，則已經把比特幣當作合法貨幣，因此台灣政府未來的發展策略，格外重要。大家都知道，央行當然不會躁進，讓數位新台幣有機會

「領先」全世界，肯定要等到萬無一失，猴年馬月才會讓數位新台幣推出。

大陸的夢想是，一個中東人跟一個非洲人，未來都用數位人民幣進行交易。Meta 公司創辦人祖克伯，在元宇宙中的夢想，則是打造美國政府管不到也不能管的新金融體系。那麼，台灣的夢想呢？

2020 年台灣政府積極推動的「三倍券」，花了 23 億元印製費用，在野黨以現金發放的訴求，也一直不被行政體系納入考量。回顧紙本三倍券有 2151 萬人領取，占比約 92.2%，僅有 181 萬人選擇數位券，占比僅 7%。

如果我們回顧，三倍券與各部會發行的優惠券，能以 CBDC 形式發行，台灣在當時能否有機會領先世界？透過限期使用的方式，「超前部署」讓全台灣的人在手機當中，一下就擁有錢包 App 了。

如果台灣人的手機當中，都因為要領券，而裝上了數位新台幣的錢包 App 後，比特幣與以太幣等主流加密貨幣，同樣也可以存入其中。過往區塊鏈與加密貨幣產業的高門檻，也將一夕輕易跨越，成為台灣新興產業發展的重要契機。

根據國發會新聞稿指出，三倍券對 GDP 貢獻最高達 0.53%，每一元的預算可創造實質 GDP 最高達到 1.99 元，

也確實搭上疫情平緩後的「報復性消費」列車，助力台灣2020年GDP成長2.98％，寫下已開發國家最佳的罕見紀錄。

一邊是製造業與出口暢旺，創造的GDP榮景，一邊是觀光與餐飲遭到衝擊，造成的內需與就業失落，確實都是台灣經濟的一體兩面。這就像政府希望引領傳統產業趁著疫情危機，順道進行數位轉型，但自己還是口嫌體正直，紙本券還是成了印刷廠的嘴上肉，之後還會大排長龍，苦了郵局與超商的第一線發放人力。

台灣中央銀行，多年來持續進行數位版新台幣CBDC的實驗與研究，只不過，當央行在2020年還花新台幣十億元預算鑄造10元硬幣，甚至想要讓20元硬幣起死回生時，我們確實很難期待。

中央銀行總裁楊金龍，多次公開提到新台幣發行數位貨幣，暫無「急迫性」，央行也長期認真研究國際情勢，並不是置身事外。只不過，台灣人在手機上，已然被全球各大平台「殖民」，各主流App中的信用卡跨國金流，像是PayPal推出的「PYUSD」美元穩定幣，如果有一天被新台幣之外的數位貨幣取代，確實也不需要太意外了。

大陸從2017年9月4日嚴禁民間「發幣」以來，歷經兩年的沉潛，等到了2019年10月24日，習近平對於「上鏈」應用的大開綠燈，尤其人民銀行正在發行的數位人民

幣（e-CNY），已經從蘇州、深圳、成都、雄安新區試點無虞後全面推動，加上持續整改螞蟻金服與支付寶龐大金流體系，都看得出來北京政府正在下一盤很大的棋。

數位人民幣橫跨生活繳費、餐飲服務、交通出行、購物消費、政府服務等支付場景。未來的可能情況是，人民銀行掌握了全中國人的金流，數位版人民幣的所有交易與大小進出，都由人民銀行即時掌控，大陸社會還需要各大銀行，以及支付寶與微信支付嗎？

根據人民銀行的紅頭文件，數位人民幣已經與諸多國家的央行進行合作，未來隨著數位人民幣的「國際化進程」逐步展開，將為中國在金融領域的「國際話語權」，提供新的「支持力道」！對於挑戰美元霸權的不可能任務，數位人民幣確實需要更多彎道超車的機會。

這些都是新興科技創造的新議題，我們暫不論善與惡，對與錯，因為時間會證明一切。

17

新加坡成為新樞紐

　　台灣要成為「區塊鏈之島」，路途確實漫長且充滿挑戰，如果借鏡海外，有沒有值得參照的發展路徑呢？

　　在美國，邁阿密已經超越矽谷，成為 Web3.0 的發展重鎮！相較於舊金山灣區被上一世代科技巨頭操持不放手，總是陽光普照的佛羅里達，顯得更是無所畏懼，備受二十世代從業者的青睞，每天都有更多的投資活動與新興創業公司崛起。

　　新加坡成為跨國巨頭在亞太區的最佳落腳處，Web2 的 Grab 與蝦皮母公司 SEA，還有出身北京的 TikTok，都在新加坡設立總部，早已不是新聞；至於 Web3 的區塊鏈與加密貨幣，以及 NFT 與元宇宙的新創團隊，在烏節路滿街都是。

　　超過三分之一的「財富 500 強」大公司，歷年來選擇在新加坡設立亞太區總部，包括蘋果、微軟、谷歌、Meta、

Amazon、BMW、聯合利華，早已凸顯新加坡的經商優勢。作為全球最自由經濟體的新加坡，下一波的 GDP 成長引擎，已經鎖定 Web3 的發展潛力。

從 2019 年開始，從香港轉進新加坡的大把資金，還有來自大陸的創投與區塊鏈團隊，把他們口中的「坡縣」，打造成了新經濟的一線城市。關鍵在於，大陸政府「禁幣」又「禁礦」，年輕人跟大企業連發行 NFT 都要小心翼翼，在大陸自廢武功的政策監管下，Web3 新創團隊們都只能「竄逃」到新加坡。

新加坡既是一個避難所，也是一座冒險島，這是大陸出海也出逃的創業家心裡話。每年九月舉辦的「Token 2049」區塊鏈產業盛會，有超過七千人參與，會場內更隨處可以聽到道地京腔普通話；該活動固定在濱海灣金沙展館熱熱鬧鬧舉辦，搭上全城熱衷的 F1 賽事，都讓新加坡的旅館房價水漲船高。

在地緣政治傾軋的當下，新加坡政府試圖維持超然地位，希望成為跨國企業面對「逆全球化」的避險中心。最早的例子是，字節跳動在 2020 年面對美國川普政府的強力監管時，選擇在新加坡把 TikTok 成為獨立公司。

當然，新加坡本來就是亞太金融中心，一方面金融監管政策到位，一方面也長期鼓勵金融科技的創新，正好跟

Web3 強調去中心化所有權的主旋律相近！近年當地更有諸多傳統金融人才，大膽投身加密貨幣交易所，以及 DeFi（去中心化金融）等新興商模發展。

新加坡的人均 GDP，本來就是台灣的一倍以上，雖然元宇宙還不是經濟發展主要引擎，但吸納了來自大陸的資金與團隊後，未來確實很有看頭。諸多以新加坡為基地的加密貨幣交易所，以及面向東南亞市場的區塊鏈團隊，也都是很有發展契機。

新加坡是亞洲各國政府中，對數位金融產業最積極的。新加坡官員每一天都在跟新創團隊開會，詢問他們真正的需求為何？而新創團隊要什麼，新加坡政府都盡量提供。

台灣也已經有許多區塊鏈人才，前仆後繼到新加坡求職，立刻增加一倍的年薪，吸引力與誘因當然很大，詢問移民與申請居留絡繹不絕。相較於十多年來，台灣年輕人多數是到新加坡從事基層服務業，這一波的高階人才出走潮，對於台灣未來打造「護國群山」的影響，確實需要深入關注。

18

香港的 Web3 大夢，會醒嗎？

看到新加坡一馬當先跑在前頭，陷入經濟發展陰霾多年的香港，也要發展最夯的 Web3 明星產業，重振讓資金與人才回流的企圖心。

2023 年五月，不僅香港特首李家超，特地到場祝賀「香港 Web 3.0 協會」成立，期望迎接虛擬資產發展所帶來的龐大機遇。為期三天在灣仔舉辦的「香港 Web3 嘉年華」，更湧入了數十萬人，不論男女老幼，他們臉上滿滿都是陽光朝氣。

2022 年上半年忙著用 STEPN 走路，下半年忙著被 FTX 坑殺的老韭菜們，確實都忙著去香港割新韭菜了。香港是永遠的金錢帝國，誰統治都是馬照跑、舞照跳、股照炒，如今在北京的授意下，香港成了加密貨幣的新出海口，但會不會留下一地雞毛？

因為區塊鏈產業總是潮起潮落！高潮的時候，眾人總是爭先恐後一哄而上；低潮的時候，韭菜們只能摸摸被掏空的荷包，落寞離場。

大腕如林俊傑，可以不在乎數百萬的虛擬土地資產損失，小咖投資人如你我，卻禁不起 FTX 不出金的資產曝險。就連特斯拉以公司資金大手筆購買比特幣，高買低賣的損失，在 2022 年財報認列高達 41 億台幣，香港散戶們能比特斯拉財務長更有眼光？果然到了 2023 年 9 月，JPEX 交易所遭受香港證監會警告後，立刻就無法順利出金，被高達 20％年利率吸引的韭菜們，立刻投訴無門。

認真做事的人太少，出一張嘴的投機份子卻太多，這是各國區塊鏈產業的共性。比起人工智慧已經實打實的創造價值，區塊鏈市場仍有諸多無法落地的項目，露奶露腿的 KOL 也還在用無邊無際的虛幻話術，想要搶走你的資產。

相較於台灣，香港沒有豐沛的工程師人才，有的是準備轉行的金融專才，未來他們可以做出更複雜難懂的加密貨幣商品，讓投資人心甘情願掏錢。只不過，如果現行法規仍禁止向大陸民眾賣幣，單單香港的七百萬人市場，試點的胃納量確實有限。

穿梭在各大展會與派對的香港年輕人們，肯定也沒有經歷過 1997 年與 2008 年的金融風暴！這些小幣神們，參與

了滿足虛榮心的無效社交，真的有助於價值投資嗎？畢竟從 ICO 到 NFT 到虛擬土地資產，數以億計的韭菜投資人，已經傷心離場了。

事實證明得很快。

2023 年 9 月，JPEX 交易所遭香港證監會警示，甚至連特首李家超都震怒查辦！針對這起「串謀詐騙」案，有超過兩千人報警，涉及金額 13 億港元，包括多位網紅被港警拘捕，甚至連「大灣區哥哥」張智霖都不得不到案說明。

JPEX 在香港順利上線吸金後，同一時間，在台灣同樣很受歡迎！包括邀請歌手陳零九代言，也在小巨蛋舉辦「拳上」拳擊競賽，請館長擔任賽事總顧問，JPEX 深諳 KOL 就是流量的代名詞，有流量就能拉韭菜在交易所註冊，有新用戶才會存入與交易加密貨幣。

直到香港證監會明白表示，JPEX 並非首波申請持牌的交易所之一，且以最高 20% 的理財產品年利率廣為吸金，成了港媒口中「史上最大金融詐騙案」。港府已定調，任何人犯下涉及虛擬資產投資的欺詐罪行，經法庭定罪，最高可被判監七年，罰款一百萬港元。

政府政策與監管，確實必須成為產業發展的競爭力，但在 JPEX 交易所暴雷之後，香港仍能一路高唱紅歌嗎？

畢竟大陸在 2017 年 9 月 4 日推出「禁幣」監管措施，

禁止民間業者發幣與成立交易所後，比特幣與諸多加密貨幣，在這六年漲翻了天！香港作爲永恆的金錢之都，也希望趕上新加坡對金融科技的自由開放，因此在得到北京首肯，這半年開始進行試點，成爲國際矚目焦點。

沒想到的是，香港立馬踩到了大坑！對於北京政府來說，當年碰到 P2P 與 ICO 等多起金融科技詐騙案，坑殺了數以百萬計的散戶，這次 JPEX 在香港大割韭菜，肯定不會肯定港府的試點效果。對於台灣來說，2022 年底已有三十萬投資人遭受 FTX 交易所暴雷停止營運，金管會也已成爲交易所主管機關，但對於 Amber 與 Matrixport 等境外資產管理平台，尚未有法源來嚴格監管，未來難保台灣投資人再被高利率所迷惑入金。

從鴻源吸金到 FTX 暴雷，韭菜確實恆久遠，這是投資圈不變的眞理。台灣的金管會從 2023 年九月開始，成爲中心化交易所與場外幣商的主管機關，但 NFT 與 DeFi 仍是化外之地。

19
台灣走過的彎路與該走的正路

借鏡新加坡與香港的發展歷程後，台灣要成為「區塊鏈之島」，確實不是在一帆風順的偉大航道上！曾經深受全球矚目的 DEXON 公鏈與 COBINHOOD 交易所，經營團隊在 2019 年發生的內鬨，就是一例。

DEXON 與 COBINHOOD 的兩位共同創辦人，陳泰元與黃偉寧，攜手創業時都不滿三十歲，都是優秀的台大校友。可惜的是，從 2019 年 5 月 6 日 COBINHOOD 接連發出的兩紙聲明，以及陳泰元個人署名發給員工的信函，兩人已經決裂，公司治理深陷爛泥中，隨後即結束經營。

在 2019 年 4 月 26 日的一場內部會議後，COBINHOOD 員工已經沒法進入 101 大樓正常上班，甚至沒辦法如期領到當月薪資。尤其，歷經心血開發出來的公鏈 DEXON，原先也預定緊接著上線，各界看好 DEXON 能夠與全球各大公鏈

同台較勁，成為新一代台灣之光的目標，竟成了泡影。

　　DEXON 聚集了上百位優秀研發人才，成立後也吸納了數以億計的海內外資金，DEXON 公鏈卻連上線都沒有發生，一下就成了產業傳說。DEXON 原先的發展目標是，要打破了公鏈「不可能的三角」，包括可擴展性（scalable）、去中心（decentralized）、安全性（secure），但都沒有得到驗證的機會。

　　「DEXON 想做的，就是讓區塊鏈技術能真正可用，不僅讓使用者體驗做到最好，更要將這個技術落實到每個人的生活中！」黃偉寧曾說，DEXON 最終的目標，是希望讓使用者從頭到尾，都不知道自己在使用區塊鏈的情況下使用區塊鏈，但 DEXON 本身卻從頭到尾都沒有推出。

　　COBINHOOD 則曾經被評選為全球「唯二」資安評級最高的交易所，在俄羅斯與東歐有大批用戶，但停止出入金運作後，他們都求償無門，只能在 Telgram 上多所抱怨，而金管會因為沒有台灣用戶遭波及，也少了監管的壓力。

　　眾所周知，陳泰元是台灣年輕世代，最成功的連續創業家。從 17 直播開始，他與麻吉大哥黃立成合作，在台灣的移動互聯網沙漠，綻放出一朵朵鮮花。總是在風口浪尖，常常鬧上社會新聞版面的陳泰元，就算不是狼性，但因為總是做得早又做得好，一舉一動自然備受關注，在台灣的創業小

池塘中，也難得有這尾大魚。

話說回來，2019 年此一國際矚目的台灣新創公司危機，並且鬧進警察局了，本土各大主流與財經媒體，報導少之又少，顯見區塊鏈與加密貨幣產業，仍然跟台灣社會，有著遙遠的距離，反倒是歷來發生以加密貨幣為幌子的詐騙案，還有數以億計的詐騙金額，總是上了社會版。

關鍵在於，區塊鏈產業高度仰賴政策監管與支持，政府如能打造適合發展的大環境與生態系，全世界的好團隊，都會願意來台灣發展。

2019 年成立的台灣區塊鏈大聯盟，由國發會主導，有 14 個中央部會與機關加入，希望打通政府各個關節，透過此一平台匯聚產官學研各界力量。」

畢竟以區塊鏈與加密貨幣為噱頭的亂象仍多，國發會扮演了「教育」政府單位的角色。如果各部會都抱持正面態度，提出對的政策與作法，民間與新創業者，就可以趁勢起飛！

關鍵在於，區塊鏈具備去中心化、不可竄改性、透明性、可信賴四大特性，目前法務部調查局、農委會、教育部、消防署、衛生福利部，特別是食品藥物管理署（FDA），皆已利用區塊鏈技術進行公共治理與業務推動。

當然，諸多亂象仍然存在。Cobinhood 交易所與

DEXON 公鏈的內鬨鬧劇，就讓被視做全球明日之星的年輕團隊一夕殞落，而「年輕」是這個行業的特色。例如挖礦與買幣，資金與大把資源都在年輕人手上，「上一世代」的投資人，顯然聽不懂更不敢出手，等到下一階段比特幣行情再創高峰，就是真的追不上了。

包括交易所、技術團隊、發幣項目、產業媒體，仍需要兩個世代，甚至三個世代共同教學相長。以 Cobinhood 與 Steaker 的挫敗來看，年輕人總是會犯錯的，也總是心高氣昂的，甚至是看不起上一世代的。

政府政策，應當成為產業發展的關鍵競爭力，這是業界的普遍心聲。2021 年在我發起與主辦的第四屆《Hit AI & Blockchain》人工智慧暨區塊鏈產業高峰會上，賴清德到場致詞時強調，「有了人工智慧的區塊鏈，效益會更高；有了區塊鏈的人工智慧，不僅更安全還會更透明，因為每一筆數據都可以追蹤得到。」

時任台北市長柯文哲與副市長黃珊珊也公開說，要讓台北市成為區塊鏈發展的重點城市，並且使台北成為具有國際競爭力的數位城市。

賴清德與柯文哲在同一天站出來掛保證，這是放眼全世界各國政府，確實難得的好風向了！就看未來賴神政策如何助力區塊鏈產業發展了。

20

區塊鏈之島能否成真？

———————

　　同樣在 2019 年，一個月內我到了海南島兩次。不論是北方的省會海口，或是南方絕美風景的三亞與陵水，當時都對區塊鏈產業的發展，有著野心與野望。

　　用中華傳統的大中原立場來看，海南當然是化外之地，但如今確實必須要眞的夠「野」，才能夠跨越種種束縛，成爲大陸區塊鏈發展新基地。

　　我到陵水參加的「2019 全球數字經濟區域合作論壇海南峰會」，還邀請了來自美國懷俄明州的官員與業者，他們正在打造基於通證技術的「牛肉鏈」（beef chain），讓該州牛肉的生產履歷全部「上鏈」，對於消費者與產業鏈上的每一個環節，都能夠保障牛肉的供應完整資訊，並大幅提升效率與降低成本。

　　事實上，包括懷俄明與海南，都不是中美兩國的繁華之

地，以鄉村包圍城市的發展策略，也確實符合區塊鏈「去中心化」的思維。這就好比台灣如今在政策支持，以及幣鏈產品研發上，未來冀望成為亞洲區塊鏈新核心，有著異曲同工之妙。

包括馬爾他與馬紹爾群島，中亞的吉爾吉斯與塔吉克斯坦，還有更多不是傳統意義上的經濟大國與強國，如今都在擁抱區塊鏈大趨勢！畢竟區塊鏈無國界，如何在小地方賺全世界的錢，確實是大家都正踏上的王道。

同樣在 2019 年，大陸國家主席習近平的一席演說是，中國要加大力度投入區塊鏈基礎建設，也就是「鏈」的應用。自從 2017 年 9 月 4 日，大陸民間發行加密貨幣，遭到官方嚴打後，龐大的「韭菜」投資人群，還有整個加密貨幣生態系統都加速外移，中國官方之後也在 2021 年禁止民間挖礦，主旋律就是鼓勵「鏈」的應用。

到了 2021-2022 年，區塊鏈整體產業遭遇了如同雲霄飛車般的高低起伏，又再次上沖下洗！虛擬資產一年牛市加上一年熊市，確實讓很多新進的從業者與投資人無所適從，但這早已是區塊鏈產業的「新常態」（New Normal）。

新常態之後，緊接而來的是「新秩序」（New Order）！包括台灣在內，各國政府對於中心化交易所與穩定幣的加強監管，相信都會讓整體產業環境與發展，不再放牛吃草。

自從前立委許毓仁早在 2018 年提出，希望打造台灣成為「區塊鏈之島」，讓新興產業不再是官員的口號後，這些年確實發展多舛，COBINHOOD 與 STEAKER 都是遺憾的故事。

同樣在 2018 年，我在《幣特財經》的發刊詞寫道，「所有人的遠大目標，是在合法與合規的前提下，有更多海外區塊鏈業者，來台設立研發與產品中心，提升外人直接投資（FDI），創造更好的就業機會，讓『新興產業』不再是口號！誕生更多區塊鏈的標竿企業，能夠在台灣賺全世界的錢。」

我們都知道顯見區塊鏈不是可以用「國界」來衡量與侷限的！當區塊鏈虛擬世界少了中心化思維束縛，這正是台灣的絕佳機會。

第三篇

平台篇：平台經濟當道，台灣被誰被抹平？

「紙上得來終覺淺，絕知此事要躬行。」出自於陸游的《冬夜讀書示子聿》，這是我投入網路創業的初衷。

　　2015 年，我回到台北創業，當年 Meta 在台廣告額只有幾十億台幣，粉專廣告效益超高，但經過將近十年的養套殺之後，臉書在台廣告超越 200 億台幣，是有線與無線電視頻道廣告量的總和。

　　眾人皆知，卻又不想承認的悖論是，你我的粉專觸及率越低，臉書賺得越大。

　　這是用時光機器，也難以逆轉的大勢。我們也看到，臉書與 Instagram，以及 Google 與 LINE，在台灣 Web2 市場中，成了狂奔的象群，讓小動物們都追不上。

　　Meta 在台灣不創造 GDP，不提升就業率，不設立產品研發中心！透過海外信用卡金流，還曾經長期沒有繳納應當的稅賦，這「三不一沒有」，早就是臉書「殖民」之痛。

　　台灣在 2023 年全年網路廣告超過 600 億台幣，巨頭們大口吃肉，小動物餓著肚子，差距越來越大。以新聞類的新媒體來分析，《東森新聞雲》在 2022 年廣告營收達到 24 億元，2027 年上看 50 億元，已經在本土品牌名列前茅，但只是巨頭們收入的零頭。

　　流量同樣很大的《蘋果新聞網》嘗試訂閱制失敗，轉賣不成後下架！音頻與知識付費市場發展滯後，海外與本土

OTT 的政策傾軋，也只是「被殖民」的必然而已。

　　關鍵在於，在 Web2.0 的「平台經濟」下，台灣不僅做不出生態系，甚至連能夠賺到錢的「產品」，都打磨不出來。面對八國聯軍的航空母艦砲擊，我們只能坐在舢舨上開槍反擊。

　　為什麼平台這麼賺錢，廣告的點擊率與轉化率這麼高？哈佛商學院榮譽退休教授肖莎娜在《監控資本主義》一書中表明，在跨國網路巨頭建構的虛擬空間中，身為消費者的我們，其實是一種「剩餘」來源，在這無可遁逃的原料萃取過程當中，我們是被榨取的對象。

　　有了你我的隱私偏好與寶貴數據，平台們比你還更懂你，因此創造了廣告高轉化率。肖莎娜直言，這讓我們的日常數位生活，成了每日重複續約的二十一世紀浮士德契約。我們也不再反抗，以犬儒主義來合理化這種現象，「民眾只能帶著鐐銬，一邊高聲歡唱！」

　　Facebook 與 LINE 是台灣人最愛用的兩大 App，他們也都對台灣企業開放「一定程度」的數據接口，這也是他們商業模式中最有價值的拱心石！但不論是有償或無償取得的這些「有限數據」，目前確實沒有太多台灣團隊，真的能夠站在外國巨人的肩膀上，成功走向世界。

　　反倒是手機遊戲與直播平台，還有移動電商與交友軟

體，台灣用戶非常願意在手機上付費，為外國公司養出了好多隻獨角獸。台灣一直是 Google Play 全球前五大市場，有幾年甚至還曾經排行第三，App Store 雖然不公布個別地區金流數字，但以台灣人愛用 iPhone 與 iPad 的滲透率，整體付費規模不在話下。

以手機遊戲產業深入分析，台灣宣傳廣告費用低，市場自由開放，近年已經成為全球大廠新遊戲進軍亞洲市場的最佳測試場域！歐美日韓甚至大陸的遊戲巨頭，都是選擇在台灣首發遊戲並全球上市前的第一波測試，只要能在台灣成功，就有可能在全世界成功。

台灣本土手遊，面對國際巨頭的直接競爭，要從研發與 IP 從頭做起，當然是很辛苦，因此大家都去代理遊戲了。至於麻將與撲克等 Casual Game，則有幾家上市上櫃公司賺得盆滿缽滿，至少他們有把 GDP 留在台灣了。

手機遊戲只是一個範例，證明台灣用戶的高額貢獻，已經成為養成跨國網路平台巨頭的最佳韭菜，更是他們營收獲利與股價市值的最佳飼料。

在《監控資本主義》發達的中國與美國，就成了網路產業兩張大牌桌，牌桌上的籌碼恨天高！一流公司的市值與估值，都是千億美金起跳，蘋果更達到人類歷史以來僅見的三兆美元市值。至於二流公司也有百億美元起跳，三流公司有

三十億到一百億美元估值，至於十億美元估值的獨角獸新創企業，就是滿街到處亂跑了。

中美之外，確實荷包有籌碼的玩家，真的不算多。2019 年底，Yahoo JAPAN 與 LINE 合併時，就自嘲與中美兩國不是同一個量級。

韓國有 NAVER、瑞典有 Spotify、挪威有 Opera、芬蘭曾有開發出 Angry Bird 手機遊戲的 Rovio，東南亞也有蝦皮母公司 SEA，還有 Grab 等平台，都從市值來看，真的都無法入列「巨頭」行列，只能稱得上是「大頭」或是「中頭」了。

養出台灣本土的獨角獸，一直是政府與新創圈的共同目標，但在產業發展滯後的前提下，確實無法大規模複製中美的成功經驗，這也讓我們的數據與隱私，成了被老大哥與巨頭們監控的原物料。

「平台這件事情不是台灣人的強項，有人說台灣是一個被數位殖民的國家，打開手機 App 跟食衣住行都不是用台灣本身的軟體，因為台灣本身就是失落在 Web 2 網路時代，舉凡叫車、叫餐、聊天、社交，你都不會用到台灣的東西，唯一勉強算平台做比較好的可能還是 MOMO，但只有一家賺錢可以被稱為產業嗎？」矽谷 Acorn Pacific Ventures 創投基金合夥人吳德威強調。

為什麼台灣人不適合做平台？吳德威認為，第一個台灣的教育環境都會把事情想的比較大，學校學的都比較理論，當同學有創業想法的時候，很容易把事情想的大、手就做的很小，才會有點眼高手低。尤其平台類型的案子在資本市場不受歡迎，台灣投資人更不喜歡，成功的案例非常非常的少。

　　如果我們有本土的臉書與 LINE，國產的 YouTube 與 Google Map，台版的支付寶與 Paypal，自家新創的 Zoom 與 Skype，台灣人的數據資產都累積在自己的手上，將能更有效率地發展「數位國力」。

　　因為數據就是新時代的石油，沒有長期累積有價值的數據，人工智慧與演算法也無用武之地，當台灣人一直源源不絕的向歐美「出口」優質數據的同時，更扼殺了本土的新創產業，以及疫情後的數位轉型與平台發展契機。

　　這是平台之痛，可惜的是，台灣的有識之士，真的太少了。

21

Be Evil！還是要從臉書說起

劍橋分析案爆發後，凸顯美國主流社會對於 Meta 公司的長期不滿，如火山般一次性爆發出來，真的是要 Meta 創辦人祖克伯格「非死不可」了。

Tesla 執行長馬斯克，秒刪 Tesla 與 SapceX 的粉絲專頁，也來趁機踩一腳！當然，假新聞、用戶隱私、偏頗算法、粉專廣告都非一日之寒。

關鍵是，Meta 公司過去十年的霸權發展，就像臥室中的大象，大家都避而不談，更視而不見。當臉書已經擁有30 億人的數據與隱私，還掌握大家每天兩到三個小時的時間與眼球時，劍橋分析一案只是一角冰山。

Meta 與 Google 兩大巨頭，在台悶聲賺大錢，臉書的生態系，還包括 messenger、Instagram、WhatsApp、Thread，

而 Google 的生態系則更廣,從郵件、地圖、YouTube,到底層的 Android 系統,每分每秒都與台灣 1800 萬手機用戶密不可分。

當用戶的時間與金錢,都被智慧型手機全面掌握時,包括用戶數據與資安隱私,以及假新聞與政府稅基,乃至於精準算法與人工智慧導入,全部都是類似 Airbnb 與 Meta 的跨境行為時,台灣政府與社會將更無力應對。

Meta 公司確實「Be Evil」,諸多要務該做而未做。舉例來說,2020 年之前台灣數百萬小廣告主,都要自己去向國稅局申報 20％的稅額嗎?還要去找代理商下廣告,才拿得到發票嗎?對臉書來說,這些都是內部廣告系統與各國營運佈局,卻要以粉專廣告主早已簽署合約,推卸責任給數百萬粉專廣告主,而財政部也束手無策,只能被動糾舉粉專廣告主,考驗大批公務員追稅的工人智慧。

如今是 Web 2.0 的下半場甚至最終第四節,手機上的軟體與服務,已經沒有太多競爭與創新!在台灣本土公司與團隊越來越邊緣化的前提下,列強的掌控力沒有最強,只會更強。

如大家所預期,臉書的使用年齡層「老化」,但年紀較大的用戶,含金量不是更高嗎?粉專作為臉書商業模式的金雞母,如今的轉化率與點擊率越來越低,而廣告投放價格越

來越高，但台灣人沒有選擇，從總統大選參選人到各大電商品牌，還是拼了命下廣告。

政府各部會與多數民意代表，他們身邊確實都養了一群小編，每天都在研究怎麼樣提升粉絲專頁的觸及率與互動率。當政績與政令宣導都要透過臉書時，臉書就成了社交時代的「新聞局」。

只不過，當台灣社會被臉書算法控制輿論走向，台灣人的眼球，每天都被操控的時候，甚至可能影響總統選舉時，誰能夠願意站出來扭轉戰局？

前行政院政務委員暨理慈國際科技法律事務所共同創辦人蔡玉玲曾對我說，臉書在台灣有將近 1800 萬使用者，但所有台灣的使用者資料都沒有留在台灣。事實上，用戶資料是最值錢的，現在誰掌握這些大數據資料，就能進一步來做很多商業分析，但台灣政府在國際談判上，各部會都沒有太注意「Data Localization」這一個議題。

網路上零星傳出的「抵制臉書運動」，也有人拒用WhatsApp、Instagram、FB Messenger，當然是象徵性意義，但大家需要意識到的是，當台灣人自己做不出一個好的社群平台時，我們所有人的資料甚至是通訊隱私，都被Facebook與其算法掐住了咽喉。

之初創投創始合夥人暨台灣大哥大總經理林之晨曾經在

2015 年對我說，臉書來自西方國家，而我們是亞洲國家，臉書人工智慧背後的演算法，其實代表著西方的主流價值觀，但卻強迫東方的用戶接受。在他口中，真正悲觀的是，「臉書這家公司對台灣的殖民，在十年內恐怕不會有太大的改變。」

十年後回過頭來審視，林之晨的預言確實成真了，但事實卻是悲傷的。

22

Web2 的上半場與下半場

2016 年，當精靈寶可夢席捲了全世界時，我們才發現，每一個國家的不同人種，在手機上的「趨同性」有多高。

Angry Bird 的那兩年、Candy Crush 的那兩年、部落衝突的那兩年，精靈寶可夢的這麼多年，我們都看到了智慧型手機，還有 App Store、Google Play 抹平了全世界。

精靈寶可夢的身世不用再多言，記得推出 Angry bird 的 Rovio 嗎？或者是推出部落衝突的 Super Cell，以 86 億美金把自己八成股權賣給騰訊，這兩家公司都來自「後諾基亞時代」的芬蘭，整個國家人口跟大台北地區差不多。

小市場做出大遊戲，台灣也有雷亞的極佳例子，《Cytus》、《Deemo》、《Mandora》、《Implosion》、《VOEZ》都陸續風靡不少海外市場，這證明在 Web2 的時

代，小經濟體做全球風行的應用不是夢。

台灣人能不能做一個夢，有一天做出精靈寶可夢？這當然有先天與後天的限制。

先天的限制，是台灣軟體與網路產業，在資金、人才、價值觀、大環境、教育制度、政策法規上的弱勢！後天挑戰，則包括技術人才經驗值、產品迭代速度慢、國際行銷經驗欠缺……等，都造成台灣還沒有太多成功走到全球的App。

當然，我們有玩美相機、17直播、GogoLook，都陸續在海外市場發光發熱，不過如何能夠打造Web2的「現象級產品」，甚至是新的平台與生態系，確實是機會難求。

在Web2時代，中國所有網路公司都在建立平台，以「BAT」為首，百度、阿里巴巴、騰訊如今都建立起了一套生態系統，在他們的強大平台上，能夠相對容易的找到下一個殺手級應用（killer application）。例如阿里巴巴從淘寶到天貓到餘額寶，騰訊從微信即時通訊做到社交與支付，都是平台威力的證明。

再以小米來說，由軟體到硬體，也建立起了一個跨領域的生態系。包括小米手機、小米盒子、小米電視、小米路由器，還有牙刷、電鍋、掃地機器人，這些成功了結合網路介面與功能的硬體，搭上MIUI作業系統與App，就是在「小

米之家」展示熱銷的小米生態系。

　　台灣在 Web1 時代，曾經與美國並駕齊驅，但在 Web2 上面的失落，以及所有的網路公司都在單打獨鬥，才是真正導致台灣大幅落後，無法建立自有平台與生態系的主因。台灣一百大網站中，五成以上都還是本土誕生，但台灣人使用的前十大、前二十大 App，卻沒有一個是「MIT」。畢竟，Web2 已經是成熟產業，台灣如此「被統治」的結構性問題，以及遭遇中美巨頭時如何競爭，都是大哉問。

　　舉個更簡單的例子是，七百萬人口的香港當然更是難以發展網路平台，港人手上多數的硬體與 App，也都是從大陸與海外來的，這也是加拿大學者 Thomas L.McPhail 所謂「電子殖民主義」（Electronic Colonialism）的再現。

　　人們的時間與眼球，市場的廣告與產值，已經通通都集中到手機移動終端上，台灣走不上新路就跟 GDP 經濟成長率、FDI 外人直接投資，還有年輕人的就業率，都是正相關。

　　所以大人們別再只說轉型升級了，台灣前十大、前二十大市值的集團，當然自己做不出下一個 Instagram 了！手上擁有資源與資金的大老闆們，還是趕快投資新世代年輕創業家吧！

23

誰能監管平台巨頭們？

「抖音一響，父母白養！抖音一跳，父母上吊！」這些年已經成了全台教師與長輩們的共識，只不過，無底線的跨國串流數位內容，教育部一定不想管，而 NCC 管不到，數位發展部也只負責發展，只好讓抖音成為介選的最佳洗腦工具。

不只是「三不管」，就連公平會在 2021-2022 年，琢磨了好久好久，洋洋灑灑寫了超過兩百頁的「數位經濟競爭政策白皮書」，也被立委批評過於空洞，感覺不到政府對於跨國網路巨頭的監管力道。

「數位經濟競爭政策白皮書」持續徵集民間意見，但公平會多次邀集各界領袖的外部會議上，全都是德高望重的高齡長輩們！少了年輕人與網路原生世代的參與，這也難怪公平會一直聽不到真實的聲音。

針對已有先例的澳洲《新聞媒體議價法令》與歐盟《數位服務法》，公部門與業界對解決方案也莫衷一是，跨國網路霸權在台灣仍是橫行無阻。

　　在 2023 年 6 月 22 日，加拿大通過了「線上新聞法」（Online News Act），要求平台巨頭們，將新聞內容獲取的流量與營收付費給新聞媒體。法案通過後，Meta 立刻宣布在臉書及 Instagram 上封鎖加拿大各新聞機構內容，Google 也宣布將採取類似行動來抵制這項法律，加拿大政府也隨即反擊，宣布將停止向臉書和 IG 下廣告。

　　加拿大總理杜魯道公開痛批，臉書封鎖新聞內容的舉措，「不利於民主」！尤其在火災等緊急情況下，持續更新的本地新聞比以往任何時候都更加重要，臉書卻將營收利潤置於用戶安全之上，行徑令人難以置信。

　　杜魯道還直言指責，是時候讓我們放棄臉書這樣的企業抱持更大期望了，「他們還從加拿大人身上賺了數十億美元！」

　　至於 Google 面臨的反壟斷控訴，包括長年透過與硬體品牌和電信業者簽訂排他性協議，確保用戶使用 Google 的瀏覽器以及相關應用城市；之後利用市場獨佔的長期優勢，對廣告主收取更加高的點擊費用。並且讓消費者無意識的被迫接受 Google 的用戶協議，進一步損害用戶的隱私與個人

數據保護問題，美國聯邦政府則依據謝爾曼法案「Sherman Act」（反托拉斯法）對 Google 提起訴訟。

歐美越來越多的案例顯示，針對跨國網路平台的監管，都朝向越來越嚴格的方向進行中，唯獨台灣政府不論藍綠，還是不想管與管不動。

像是漆黑臥室裡頭的大象，有人摸到了象耳朵，有人摸到了象鼻子，藍綠白黃各陣營各自解讀與攻防，讓數位產業的監管與發展，忽略了「平台」才是關鍵。

平台能力越大，責任也跟著越大。簡而言之，「平台經濟」的時代，政府其實只要有效管制平台，讓平台肩負起應當的責任，就可以更有效率的維持虛擬世界秩序。

當然，台灣人對於網路巨頭從不設防，也從來不是新聞。你我對於臉書與 IG 的社群死忠，Google 與旗下 YouTube 等各種服務都是大家上網日常，更不用說，只要 LINE 一當機，整個台灣社會與公私部門都要停擺。

就跟臥室中的大象一樣，跨國網路巨頭在台灣的影響力，已經大到政府管不動。小到臉書平台任意刪文與封號，大到選舉的空軍操作與勝選關鍵，真沒有哪一位部長與主委，能夠管到底。

相較之下，北京政府對於網路巨頭的嚴格控管，從來就不是新聞。阿里巴巴因反壟斷遭罰 800 億台幣，螞蟻金服上

市臨時喊卡，滴滴出行再三整改，微博與抖音母公司字節跳動被收編，微信支付違背反洗錢規定，騰訊的遊戲帝國更要配合政策杜絕青少年遊戲成癮。

台灣的父母親，看到大陸政府限制未成年人，一週只能玩三小時的線上遊戲的嚴格政策，可能會拍手叫好！只不過，台灣在言論自由大旗下，也不可能效法大陸以中宣部與網信辦進行大力監管，做網站要申請 ICP 許可證，發行網路遊戲還需要版號，確實不適合台灣國情。

至於在美國，雖然拜登政府去年推翻川普時代的一系列行政命令，不再禁止用戶下載及更新微信與 TikTok。但參議員盧比歐先前即要求拜登政府持續封殺，「因為北京政權將 TikTok 視為黨國的延伸！」

這是中美科技戰的必然，但台灣政府在網路上與手機上，卻是門戶全開，我們沒有把抖音與小紅書視為國安議題。不論是台灣所有人的珍貴數據與隱私，還有巨頭們擅用的演算法與人工智慧，以及不實訊息氾濫成了認知作戰，台灣政策全都束手無策。

大陸監管政策過嚴，嚴到所有網路平台股價暴跌，還要大舉裁員。台灣對於網路平台的自由開放，甚至可以說是「無政府」了，這也導致跨國金流的逃漏稅氾濫，國稅局長官也很傷腦筋。

滴滴在 2021 年 6 月 30 日於美國紐交所上市後,立刻陷入整改風波,這也連帶造成字節跳動等大陸網路巨頭,出海掛牌的規劃受到影響。關鍵在於,中美由貿易戰打到科技戰,沒有人能置身事外。

美股對於沒有獲利的科技公司上市門檻低,更沒有估值天花板,充裕流動性更是誘人。在美國前總統川普任內,就針對大陸公司加強審計與監管。2020 年第二季,在瑞幸咖啡財務造假、股票暴跌、停牌退市就是最好的例子。

拜登則持續拉攏各國聯軍緊咬中國不放,但中概股的蜜月期上市童話,受美國政府影響不大,反倒是大陸政府一出手,所有科技巨頭都噤聲了。從 2021 年底的螞蟻金服進行五大整改,並且取消原定在香港掛牌的計畫後,曾經多次踩到政策紅線的滴滴,又成了逃不出五指山的孫悟空。

大陸政府在 2021 年公布的《網絡安全審查辦法》第六條,就明令超過一百萬用戶的大陸網路公司,在中國以外上市需要先通過安全審查。

「尤其是像滴滴出行這樣的公司,它在美國上市,其排第一第二的股東都是外國公司,國家對它的訊息安全監管更需要是嚴格的,這既是維護個人訊息安全,也是維護國家安全!」這是當年《環球時報》的觀點。

《環球時報》評論並指出,美國特戰部隊也在收集手機

軟體資訊，美國情報部門憑其無孔不入的網絡監控能力，很可能使一個普通人在不知不覺中成為為美國提供有價值數據的「節點」。

香港大學中國法研究中心總監張湖月在接受《紐約時報》採訪時表示，與美國的緊張關係，導致中國官員更加關注滴滴在美上市！在兩大國彼此充滿敵意的時候，大陸政府對滴滴如何保護龐大數據，會非常擔憂。滴滴在中國有超過四億活躍用戶，與其說滴滴是「網路科技公司」，更不如說是「交通數據公司」。

相較於大陸嚴管資訊安全與用戶隱私，台灣人每分每秒在手機上創造出來的數據，卻都在 Google 與 Facebook，以及 LINE 等海外列強的伺服器中，而台灣政府不想管，更是管不了也管不到！在這「三不管」的情形下，台灣政府還用了好幾年時間來對網路霸權在台「殖民現況」進行調查，就真的是滑天下之大稽了。

24

境外平台就是不落地？

猶記得 2015 年，政府對 Uber 開罰，罰金總計超過四億元，淘寶台灣透過英商克雷達代理登台，也遭到經濟部認定違反兩岸條例判罰 41 萬元，而愛奇藝在台代理商歐銻銻也被判罰後關門大吉，但他們都是在台用戶以百萬計的跨國網路巨頭，這真的都稱不上大錢。

有趣的是，這些設立分公司或代理的境外網路業者，都很容易被抓包，反倒是那些不設公司的業者，例如 Airbnb 與 eToro，台灣政府連罰單要寄到哪都不知道。

在三十年前的半導體與硬體時代，台灣高科技產業的 FDI（外人直接投資）金額屢創新高，但到了近二十年的網路時代，政府與外商之間卻成有著最遙遠的距離。尤其公部門始終難以參透跨境網路運作模式，風聲傳到了國際上，大家乾脆都不來台灣設公司了，導致相關產業的 FDI 數字，

始終在低檔徘徊。

以台灣人最愛的臉書為例，一年在台廣告額達 200 億台幣，多年來在台灣卻不創造 GDP、不提升就業率、不設立研發與產品中心，小廣告主與平台也曾經多年沒有繳納應當的足額稅賦，這「三不一沒有」，一直是政策之殤。

愛奇藝曾經向經濟部投審會申請在台設立分公司，遭拒後由歐銻銻代理，期間至少在台灣還積極採買優質內容，臉書在台灣卻成了謠言與不實詐騙訊息的最佳產地，面對跨國網路霸權，中央各部會如今只能以陳腐法條應對，真的是管也不是，不管也不是。

經濟部投審會轄下的監管職責，是要讓歐銻銻結束代理業務，但台灣用戶仍能上愛奇藝觀賞陸劇，用戶資料與數據則直接傳到香港伺服器當中，這究竟是好事或壞事？淘寶台灣站就算真的關站，多數台灣消費者也早已習慣直接上淘寶血拼，付款與快遞寄送，都不是問題。

尤其在沒有大規模民眾申訴與受害前，監管的軟硬程度也不容易拿捏，金管會曾對 eToro 示警，表明該平台不是台灣合法的證券期貨業者，貪圖手續費便宜的海外股市投資人，權益將難以受到保護！政府是不是應該直接阻擋 eToro 的 IP 位址，而 Amber Group 與 Matrixport 等境外資產管理平台就是不落地，是不是也該直接被「牆」？

金管會從 2023 年九月開始實行的「管理虛擬資產平台及交易業務事業（VASP）指導原則」，規範境外虛擬資產平台業者若無依公司法辦理登記，並向金管會申報洗錢防制法令遵循聲明者，就不能夠在台灣境內或向國內用戶招攬業務，證明強制境外平台落地合法合規，仍有法源依據。

　　九成以上的手機遊戲，同樣都來自大陸，也都是循代理模式在台經營，而你我手機也仍可以下載人民日報與新華社的 App，但在言論自由大旗下，適度的監管仍是必須的。尤其在境外平台自律不彰的情形下，政府是不是要以更強硬的手腕，來保護台灣人的寶貴資產，以及得來不易的自由言論空間呢？

25

手機上的地緣政治

———————

　　回顧 2019 年，在中美科技戰第一回合，除了抖音成為眾矢之的外，華為所需的高階製程手機晶片，也遭台積電斷供。

　　同一年在印度，微信被下架，這是攸關華人與中印來往企業的溝通命脈，上百個「中國製造」App 也全都遭殃！如果連阿里巴巴旗下的淘寶，以及賴以起家的 B2B 貿易零售平台，都要被放大檢視的話，各國政府在高科技戰「軟硬兼施」的監管手腕，確實已經全面啟動。

　　過去十多年，Web2 本來就是中國的優勢產業，大陸的移動互聯網市場，已經是全世界的光明頂。

　　TikTok 與 OPPO 手機，還有一度騎進東南亞與歐美城市共享單車，以及支付寶遍及數十個國家的數百萬商家，全世界都很熟悉了。再拉高層面來看，一帶一路的基礎建設，

「中國輸出」這十年的影響力確實越來越大！這是全球政府都忌憚的「老基建」與「新基建」，當然要封殺。

至於華為遭逢歐美政府封殺，中美科技戰延燒迄今，數位鐵幕與虛擬長城林立，新秩序正在你我智慧型手機中誕生。

新秩序？因為被抹平的 Web2 世界，蘋果與 Google 正是兩個帝國的國王，但現在美國政府要用舊秩序的法律與行政命令，至少拿回一部分的主導權與影響力。

總統制的國家，如美國，行政命令確實權力相當大。川普就曾經想用行政命令終止出生地公民權，引起違憲爭議，他也陸續提出了退出跨太平洋合夥協議、打擊歐巴馬健保政策、在墨西哥邊境建立高牆、禁止穆斯林國家的敘利亞難民移民美國等行政命令，全都不計毀譽與輿論批評，在在證明他的總統至高權威。

商業世界的併購機制與實際運作，當然需要合法，例如反托拉斯就是政府關切企業合併與保障消費者權益的監管作法之一。

直到 TikTok 執行長周受資在 2023 年三月赴華府，在聽證會上回答美國議員的百般拷問！五個小時的聽證會受到全球矚目，就連中國外交部都特地發言，表明美國政府針對 TikTok 的打壓，是仇外的政治迫害。

你我手機中的短影音 App，怎麼會成為國安問題？TikTok 又怎麼會成為中美科技戰局的關鍵棋子？或者反過來說，美國才是全球化網路霸權的創始國，怎麼會讓 TikTok 突圍，在極具含金量的短影音內容市場，把 Google 與 Meta 都甩在後頭。

抖音與 TikTok 的成功，以及母公司字節跳動的崛起過程，本來就是中國移動互聯網產業的神鬼故事！能夠在「BAT」百度、騰訊、阿里巴巴的圍剿下，字節跳動憑著今日頭條與抖音等內容產品，能夠在 14 億人本土市場成功，而且能夠順利出海，在全球攫取數以十億計的死忠用戶，這是大陸互聯網公司的底氣。

在大陸互聯網的整改歷程中，字節跳動作為浮上檯面的新巨頭，當然不可能置身事外。在 2021 年，中央電視台子公司「網投中文」持有字節跳動 1% 的股權，但卻擁有「一票否決權」的特殊優先權，讓抖音正式「國有化」。至於專攻海外市場，並且已經在新加坡成為獨立公司的 TikTok，也在美國前總統川普要求出售美國業務的行政命令後，成了最佳標靶，如今甚至可能在歐美市場被全面封殺。

的確，現實世界中的地緣政治，在手機上的虛擬世界中，也出現了新壁壘。一直不聽話的 TikTok，還帶著中國民族主義色彩，當然從川普到拜登都視為眼中釘了。

中美貿易戰打到科技戰，華府位高權重的政治人物們，當然看不慣美國青少年都只愛 TikTok，不愛臉書了。同樣在聽證會上，Meta 創辦人祖克柏格可以多次公然說謊，指稱臉書 App 不會竊聽用戶通話內容來進行廣告推薦，也不會誘導各國選民投票意向，但事後他的證詞全都被推翻了。

　　網路產業其實本來就只有兩張牌桌，一張牌桌是中國，一張牌桌是中國以外。兩張牌桌上的玩家，完全都不一樣，牌桌中間隔著的，則是網信辦打造的防火長城。如今終於有了一個玩家，同時上了兩張牌桌，但也正好遭逢中美視彼此為寇讎的當下，大事難以化小。

26

Threads 還有沒有戲？

———————

Meta 公司在 2023 年推出文字為主的新社群平台 Threads，上線一週內就順利上看一億用戶規模，頓時成了全球「現象級產品」，更讓 Meta 創辦人祖克柏與特斯拉執行長馬斯克的鐵籠格鬥大賽，大添火藥味。

Threads 發文上限五百字、照片十張、影片長度五分鐘，同樣採取瀑布流的滑動介面，比起同門明星產品 Facebook 與 Instagram，完全看不出創新之處，美國網路圈內也大搖其頭，有人看衰是下一個 Clubhouse。在 2021 年初爆紅的音頻平台 Clubhouse，在馬斯克等名人一起「開房間」的效應下，也曾獲得數千萬下載量，但如今已經被 Z 世代用戶遺忘了。

值得注意的是，Twitter 早在 2006 年上線，是介於 Web1 與 Web2 之間的文字社群平台，大陸的新浪微博也早在 2009

年推出，噗浪（Plurk）更曾在台灣風行一時，都可以說是上一個世代的網路產品了！Meta 公司成功把冷飯熱炒，連台灣各黨的總統與立委參選人，全都不敢輕言放手，搶在第一時間就開設帳號。

Twitter 活躍用戶規模只有 2.5 億人，完全不敵 Facebook 的 20 億人與 Instagram 的 13 億人，但 Twitter 在美國與全球政界的影響力仍大，好比微博仍是華人演藝圈的主要發聲渠道，確實有溢酬空間，這讓馬斯克決定用 440 億美金吃下 Twitter。

Meta 公司市值超過七千億美元，Twitter 身價雖然只是零頭，但易主的連鎖效應確實很大！這也造成祖克伯跟馬斯克鬥完嘴之後，連剩菜剩飯都不留給馬斯克，整碗都要捧走。

如祖克柏心底預期，Twitter 的商業化能力與廣告產值本來就很弱，Threads 在今年下半年如能衝破兩億活躍用戶，很快就能與 Twitter 一決高下。從結果論來看，用戶使用時長與黏性由 Twitter 轉出後，馬斯克個人影響力會大幅下降。

Twitter 的版面尚稱清流，這也造成 Twitter 近五年都只能虧損，賣給 Tesla 一年後的估值只剩三分之一，確實讓馬斯克很頭痛，只能把執行長大位讓了出來。Threads 會不會是壓垮馬斯克媒體事業的最後一根稻草，這對為了喝牛奶而

買了一隻牛的他來說，後續的雪球效應確實不容小覷。

「企業總是沉溺在過去的成功經驗，選擇以陳舊的策略，來面對更具挑戰的未來環境。」在美國管理大師 Peter Drucker 的口中，這樣極其容易面臨進退兩難的窘境，甚至喪失市場領先優勢。

這是 Wcb2 的終局之戰！大家都知道，Meta 公司長年榨取用戶數據與隱私，一再強化廣告推薦算法，在上線蜜月期之後，Threads 活躍用戶與流量持續下滑，已經被稱為「最佳廢文平台」，未來是否又會成為你我手機首頁不可或缺的「最優廣告平台」與「最佳不實與詐騙訊息平台」，確實就在祖克柏的一念之間。

27

臉書放不放棄元宇宙

2021 年底，Meta 公司改名登入元宇宙，就連前行政院長蘇貞昌也在質詢時，被立委上了一課，加上太平洋兩岸的元宇宙概念股全都漲了一波，看得出來，元宇宙商機與風口，誰都不敢錯過。

好萊塢電影《一級玩家》中的「綠洲」，還有日本動畫《龍與雀斑公主》中的「U」，全都是人類對於虛擬世界的真實想像與美好願景。畢竟，VR 技術開發了三十年，AR 產品也投入了十年，MR 與區塊鏈更已成為顯學，這些都是元宇宙的必要基建。

只不過，電影中主人翁總是在對抗的是，由一家公司開發出來，擁有數十億子民的元宇宙霸權。極其中心化的虛擬現實世界中，從貨幣體系到社交通訊，全都被老大哥牢牢控制著，更不甩實體世界中的政府監管。

這不就是過去十年，臉書公司在你我手機與電腦上，妥妥打造的三十億人民帝國嗎？榨取用戶的隱私與數據，臉書用粉專廣告大賺稅收，IG 上的修圖濾鏡與誇張特效，更形塑年輕女性對於體態形象與心理健康的錯誤價值觀。

當然，在電視時代，每天看四、五個小時螢光幕的我們，也被電視頻道牢牢控制著思想，甚至直接影響眾人的選舉投票決定。回顧 1960 年美國總統大選首次電視辯論，年輕帥氣的甘迺迪議員，就贏了穿著老套西裝還不願化妝的尼克森。

至於羅斯福總統在廣播頻道上的爐邊談話，對於時下年輕人來說，就更像是恐龍橫行的遠古時代了。

媒體典範的轉移，從來都是科技決定著的！如同傳播理論大師麥克魯漢的「媒介即是訊息」真理，當我們主動黏在臉書與 IG 平台上，每天至少三、四個小時，資訊生活都被這家公司牢牢掌控著時，動態消息餵閱聽人吃屎，你我甚至都覺得是香的。

臉書如今被吹哨員工公開指控，明知平台上傳播仇恨、暴力和不實訊息，但為了龐大廣告利益，始終不願正面處理，甚至試圖隱藏。美國政府也不是吃素的，不僅擋下臉書發行「Libra」加密貨幣，聯邦貿易委員會緊咬反壟斷訴訟，這讓全世界都可以明白揣測，祖克柏對現實世界有多麼不

爽。

雖然祖克柏富可敵國，身價高達 1200 億美元，但他還是持著美國護照的美國人，就算像川普一樣當上美國總統，這個國家依然不是他創立的。他肯定想要自己建國、自立為王，所有子民都要用他發行的貨幣。

區塊鏈與加密貨幣倡導的去中心化新世界，如果被整盤端走，成為臉書元宇宙國度的地基，再用極度中心化的方式，奴隸著數十億子民時，好萊塢電影中不得人心的魔王與大 Boss，真的就非祖克柏莫屬了。

只不過，Meta 公司與祖克柏打造元宇宙，確實不是坦途，兩年燒掉了四百億美金，裁員上萬人，市值與股價也幾度受到負面影響，加上區塊鏈與加密貨幣產業自 2022 年陷入盤整格局，Web3 的新天地確實尚未來臨。

祖克柏轉向投入 AI 與 LLM 大模型的進展，也先固守Web2 的鉅額廣告產值，要把牌桌上的玩家們一個一個踢出去。關鍵在於，2022 年全球網路廣告規模 6288 億美元，預計在 2027 年達到 1 兆 2000 億美元，台灣 2022 年數位廣告則達 589 億台幣，Meta 公司以 Facebook 與 Instagram 兩大App，賺走了三分之一。

28

IG 如何榨取台灣年輕人？

———————

　　猶記得 2021 年「鮭魚之亂」中，全台灣有超過 300 人，為了免費美食特地改名，讓學者與長輩們大嘆，台灣社會究竟怎麼了？但如果我們回顧二十年前對於 X 世代的批判，或是十年前對於 Y 世代的訓斥，其實大家會發現，上一代對於下一代的教誨語彙，竟然是如此的雷同。

　　X 世代如今都生兒育女，成了社會的中流砥柱。Y 世代也在公司當了小主管，肯定也在大罵 Z 世代的工作態度，但其實 X 世代與 Y 世代，也都曾經荒唐過，被四五年級長輩罰過跪，還被學校教官記了警告。如果我們現在要重拍《那些年，我們一起追的女孩》，九把刀筆下的衝動性格男主角，也可以換成任何一位鮭魚或山道猴子來主演。

　　我不是特別要為年輕人說話，只是上一代對於新一代的論述，總是過於蒼白且軟弱，且不考慮大環境的變遷。

跟二十年前比起來，台灣政治與公民社會的持續迭代，其實沒有太大的顛覆性，這些年最重要的差異，唯有網路使用的接近性與易得性，讓 300 萬的 Z 世代青年，還要背負鮭魚之亂與山道猴子的「崩世代」罵名。

　　網路接近性與易得性？簡單的說，就是如何在年輕人愛用的手機社群平台上，如 Instagram 與小紅書，能夠炫耀自己，成了 300 位小鮭魚與 300 萬 Z 世代，生活中的首要重心。X 與 Y 世代，當年還不是原生的行動網路世代。

　　台灣人本來就愛吃，只是這十多年來，網美餐廳與網紅美食，還有店面裝潢與廚師擺盤，成了生意好壞的關鍵。Z 世代都非常願意「免費」為店家在 IG 上宣傳，或者是店家施以小惠，多送兩盤小菜，年輕人就很願意打卡說好話了。

　　深諳其道的壽司郎，還有全台灣這麼多的餐廳行銷人員，如今都知道這是拉攏 Z 世代的最佳策略。特別是愛露胸與愛露腿的正妹，觸及與轉化率更是高得不得了。

　　我們當然不想貶低正妹們，為什麼總是愛跟蛋糕與甜點拍照，因為誰不想在社群平台上，能夠免費滑到這些精心製作的照片與視頻，順道消費意淫她們的青春外貌？

　　所以我們看到知名 YouTuber「林鮭魚」，還有輔大的「谷佳蔚蔚餵你吃鮭魚」，在輿論批評中，都免責與除罪了。更多店家與品牌，以及大行其道的醫美診所，還會用免

費體驗的名義，邀請更多的鮭魚們置入產品與業配行銷。

　　當然，不是所有店家都搞這一套，但畢竟照片就是「照騙」！我們也知道，很多「幽靈廚房」在外送平台上都很夯，很容易就用照片換得訂單。

　　只不過，外貌雖然是底層階級女性，最輕鬆能夠取得的競爭力，但她們的青春年華有限，加上 IG 江山代有佳人出，網美的競爭力能夠持續多久？

　　2023 年 10 月 24 日，美國的 33 個州政府檢察總長，不分黨派攜手對 Meta 所在的加州北區聯邦法院提出法律訴訟，控訴 Facebook 與 IG 造成青少年網路成癮。數據顯示，美國青少年與孩童，每天使用社群平台的平均時間多達 3.5 小時，而美國政府衛福單位文件，直指青少年面臨抑鬱和焦慮症狀有高度風險。

　　美國政府認為社群平台不斷更新演算法，以誘使青少年提高使用時長與黏著度，進一步衝刺流量來提昇廣告產值，拉升平台股價市值，身陷網癮的年輕人成了網路巨頭的搖錢樹，更容易罹患社群恐慌（FOMO），並且導致自卑與厭惡自己身材、性剝削、孤獨感、甚至自殺的不當行為。

　　當台灣的年輕世代價值觀，甚至是選舉投票意向，都被社群平台的演算法輕易操弄時，我們才知道，不要錢的其實最貴！這代價，不僅是你我每分每秒的數據與隱私，被臉書

等全球科技列強當作廣告獲利的原物料，台灣社會與年輕人
更是不斷被榨取，一直被殖民下去。

29

當 KOL 成為網路亂源

2019 年的「連千毅之亂」，檢調追查出他所販賣的奢侈品，都不是真貨正品，發行 NFT 也只是吸金噱頭。數千到數萬名的受害消費者，以及數千萬到數億的累積銷貨營收，再次考驗網紅與平台，平台與用戶之間，三方的信任關係。

對於電商平台來說，假貨嚴重扼殺平台公信力，肯定讓消費者的信賴度降低，不僅不再回購，更會招致訴訟。因此不論 PChome 或 MOMO，還有在大陸持續「打假」多年的淘寶，都將此視為最基礎的平台價值。

除了透過第三方支付與貨到付款，以金流方式來讓消費者避免收到假貨外，電商平台也建立詐欺申訴管道，讓不肖供貨商直接吃官司。

社群平台如臉書，對於 B2C 與 C2C 銷貨的管控，顯然

遠遠不及電商平台。臉書諸多 C2C 賣家講得天花亂墜,照片都是侵權盜用,直播刷量也是業界公開的秘密,更不用說,經營不善的賣家跑路時有所聞。

臉書「Marketplace」如造成大批消費者糾紛,不僅傷害台灣電商產業二十年來的信譽,社群平台不甩本地賣家身分認證和賠償制度,連千毅之亂只是剛露出的冰山一角。

有消費者在臉書看了連千毅直播,花了五萬元買名錶,不到半年就生鏽,甚至 NFT 的賦能機制都是假的,卻也只能在臉書粉絲專頁上留言。他們吐吐怨氣之餘,可以向金管會尋求權益保護嗎?

至於 KOL 與網紅們,多半都以「不熟悉」法律實務,來作為商品置入與業配「出事」後的推託之詞。法律是社會道德的底線,網紅想要做生意發大財,可不能什麼都忘了,賣減肥藥跟賣毒品,絕對都是紅線。

例如「二次創作」爭議,就讓谷阿莫不停跑法院。谷阿莫的陳述,以及合理使用影片的作法,在虛擬世界當然有理,但是對於自認被侵權的電影公司來說,智慧財產權的維護,可是絲毫不能退讓。

又或者是,知名網紅「HowHow」陳孜昊也曾因為穿著警察制服拍片被檢舉,確實都讓律師事務所有了新生意,找個有經驗的經紀人也是解方。

香港加密貨幣交易所 JPEX 違法吸金，台灣的受害投資人則上法院控告為 JPEX 代言的藝人陳零九。陳零九表示，雖然他有拿到代言費，但他投資在 JPEX 的損失，也已超過「代言費」，個人整體資產損失約達 15%。在此事件後，他也已學到深刻教訓，未來會嚴格慎選代言，避免重蹈覆轍。

確實有眼球就有商機，但是不論是大品牌或小賣店，還是會選擇有信譽的 KOL 合作，要做長遠生意的 KOL，不致陷入成也流量，敗也流量的窘境。

KOL 正夯的時代，也應證了安迪沃荷在 1968 年的那句著名預言：每個人都可以成名十五分鐘！不過我們看得到，不論在演藝圈、體育圈、高科技圈，暴起暴落的賭徒真的太多了，很多人空有名氣缺乏實力，留下的是一個個被戳破的大泡沫。

KOL 從爆紅走向成功，確實是難得的。最怕的是，粉絲們一哄而上群起圍觀，又一哄而散轉頭就走，留下來的，只是滿地的垃圾，還有一個個企求成功，卻無法成功，走下了神壇，被粉絲無情拋棄的十五分鐘男女主角。

30

從 OTT 看流行文化論述

　　十多年來，大陸流行文化成功崛起，在網路無國界的前提下，特別在平台實力與話語權上，已經不可同日而語。湖南衛視與芒果 TV 推出的《乘風破浪的姐姐》，從歌手表現到舞台效果，早已飛越歐美日韓，也再次捧紅了王心凌與《愛你》。

　　台灣與香港的平台實力不再，但在音樂與戲劇的長年底蘊，仍然培養了諸多歌手與演員，能夠在新平台上發光發熱。《披荊斬棘的哥哥》則有陳小春與張智霖等「大灣區哥哥」，同樣在 2022 年爆紅，也讓「F4」言承旭與嘻哈前輩熱狗，持續受到大陸不同世代粉絲的愛戴，更讓小旋風林志穎順利重返年輕人懷抱。

　　台灣創作人，只能夠在新的國際傳播平台上，用個人實力，打打游擊戰嗎？文化部力捧的「Taiwan Plus」，每年預

算高達十億台幣，有沒有機會力拼 Netflix 與 Disney+，甚至是 bilibili 等跨國影音平台，並且捧紅更多台灣本土年輕人，順利走向世界呢？

事實上，VOD（Video on Demand）從來不是新鮮概念，但 Netflix 十年磨一劍，全球訂閱用戶規模超過兩億人。作為全球最具影響力的 OTT 影音串流平台，Disney+、Amazon Prime、HBO Max、Apple TV + 都正在追趕 Netflix 的領先地位。

當然，平台扶持與投入內容創作，也從來不是新鮮事，HBO 就是上一個影劇黃金世代的最佳範例。只不過，從電視頻道到串流平台的典範轉移，HBO Max 只有約七千萬訂閱用戶，遠遠被 Netflix 甩在後頭。

關鍵在於，如何打造優質平台體驗以獲得訂閱用戶，進一步更要獲得用戶每日閱聽的時長。如今我們每天日常在手機上看一、兩個小時的影音內容，反過來說，誰還在看一、兩個小時的電視呢？

至於迪士尼股價兩年漲了兩倍，主要就是 Disney+ 訂閱用戶規模激增，上線後 16 個月內突破一億，在台灣市場也有一定市占率。當然，迪士尼旗下有漫威影業、星際大戰、迪士尼動畫、國家地理等全球一流內容創作體系，但迪士尼經營團隊們肯定要大嘆，如果早點做平台，Netflix 就有可能

不會坐大了。

在大陸市場，愛奇藝與騰訊視頻訂閱用戶都超過一億，同樣印證付費訂閱已是中美兩大市場主流。至於台灣OTT市場，包括擅於網內互打的 LiTV、KKTV、friday、myvideo 等本土群雄，還有曾經號稱「地表最強隨選影音服務」的國家隊「公視＋」，如今在面對 Netflix、LINE TV 等跨國強龍時，還是顯得矮了一大截。

至於愛奇藝在台灣代理商被 NCC 封殺後，仍有數十萬訂閱用戶，訂閱用戶的瀏覽器視窗中，不僅馬照跑，舞也照跳。

台灣本土的 OTT 平台做得不算晚，也都陸續投入內容產製，但為何就是做不大呢？關鍵還是在走不出去，無法擴增國際用戶規模，募資能力與公司估值，自然就相形見絀了。

文化部的長官們，也在 2022 年因為「Taiwan Plus」App 下載量只有五萬多，自請處分！更不用說歷年來花了納稅人大錢的優質內容，總是陷入孤芳自賞，沒有收視率與點擊率的窘境。

文化部難以成為造局者，反倒是《華燈初上》與《正義的算法》等擁抱跨國影音平台的台劇，有了國際能見度。大勢所趨，創作者們當然也以前仆後繼攀上跨國平台，希望被

更多粉絲的眼球看見。

　　台灣如今也效法韓國政策舉措，由文化部推動成立文策院，並且啟動兩個五年百億計畫，已然有躍上國際的目標願景，但真能複製貼上韓國從 1.0 到 3.0 的流行文化成功軌跡嗎？

　　事實上，各國流行文化的消長，從來就沒有對與錯之分，但有強勢弱勢之別。從全球化文化傳播的角度來看，強勢流行文化的「殖民」，是近年來越來越明顯的趨勢，特別是對青少年族群。相對地，一個地方難以「輸出」的弱勢文化，不僅在商機上受限，更是在無國界的網路時代中難以自保。

　　《想見你》、《我們與惡的距離》等優質台劇，也都在網上贏得大陸粉絲的青睞！從小清新到探討社會深度議題，從植劇場系列到《國際橋牌社》等多元題材嘗試，「復興台劇」確實有很大的起色，但關鍵就是能不能出海了！畢竟網路無國界，OTT 影音平台掌握了所有人的眼球，以及超長收視時間，就連歐洲人都愛看韓劇，這確實是能不能打造「新台流」的一大挑戰。

　　當然，台灣人在網路平台上「被殖民」，導致在流行文化內容產品上的話語權，台灣創作者確實是被壓抑的。如今全世界都在看 Netflix，兩岸年輕人都上愛奇藝，YouTube 年

營收高達 150 億美元，跨境 OTT 平台究竟該如何監管，也成爲政府政策之殤。

因爲當跨境平台不願意投資台灣作品，不願意導流與分潤，不願意抓盜版與侵權內容，還沒有在台灣繳納應當的稅負，這「三不一沒有」，就是對台灣流行文化最大的扼殺。

我們回顧疫情期間，悶在家裡的宅經濟，確實讓追劇追電影的「新韓流」又成了主流，《魷魚遊戲》就是最好的範例。

怎麼說「新韓流」？因爲從《藍色生死戀》與《浪漫滿屋》，到《愛的迫降》風靡全球，韓劇已經二十載持續進化。

至於《寄生上流》贏得奧斯卡四大獎，對比《生死諜變》《飛天舞》《共同警備區》等千禧年前後的韓國影史巨作，確實連大導演奉俊昊口中的保守白人評審們，也都折服於新韓流了。

至於周子瑜所屬的《TWICE》，還有防彈少年團（BTS）風靡全球青少年，都讓兩岸的創作者越來越看不懂，爲何不到一億人口使用的韓語，在流行文化產品與模式上推陳出新，讓超過十五億人的華語市場，看不到車尾燈？

論資金，大陸有錢！論創意，台灣也不弱！論市場人口數，就更不用比擬了！只不過，《寄生上流》以 135 億韓元成本，創造全球票房達 1.29 億美元，還成了第一齣非英

語發音的奧斯卡最佳影片，雅俗共賞，確實創下影史最大驚奇。

《返校》在台票房達 2.6 億台幣，但香港票房僅約 1100 萬港幣，其他海外市場可以略過不計。雖然《返校》在去年橫掃華語電影最高殿堂金馬獎，但是能不能把言論自由等普世價值，如同《寄生上流》將資本主義的貧富差距，說出一套全球接受的好故事，台灣的年輕世代電影工作者，確實要有更多越級打怪的好裝備與企圖心。

電影更是普世價值的創意產業，美國人與奧斯卡獎不會把李安拒於牆外，就好比周杰倫也能演出《青蜂俠》賺進美金，這麼多的台灣明星與藝人，更能大賺人民幣。硬要把金馬留在台灣，這只是爲難了評審們，好比李安擔任極具象徵意義的金馬獎第五十屆評審團主席時，就把最佳影片給了新加坡年輕導演出品的《爸媽不在家》。

再對比香港，曾經引以爲傲的自由市場經濟早已不再自由，成了一個壟斷利益的市場，並阻絕了創意創新的可能性。整個香港的流行文化，從電視劇到音樂產業，都因封閉而失去了活力。曾經在 80 與 90 年代縱橫整個亞洲市場的港片，則因爲被中國吸納，出現了有史以來的最低潮。連劉德華都曾明言，「希望我們這一批人能撐過去。」

包括崔健、五月天、周杰倫、孫燕姿接連在抖音與微信

視頻號，舉行線上演唱會，擁有「億級」觀看人數！看得出來，這些老牌創作人，仍有成為現象級產品的實力，台灣新世代的實力派歌手如 9M88 與壞特，肯定也能夠順利走上國際舞台。

31

到底 eco-system 有多重要？

────────

　　每年秋天，蘋果盛大舉辦的新品發表會，雖然愛瘋系列
產品新鮮感與期待感不再，果粉也不再瘋狂排隊，但是「一
顆蘋果救台灣」，看得出來蘋果創辦人賈伯斯一手打造的軟
硬整合生態系統（eco-system），在二十一世紀對於台灣高
科技產業有多重要。

　　自從 2017 年蘋果發表首代 iPhone，好比二十世紀的
「WinTel」熱潮，台灣的硬體代工業者，永遠只能仰望著蘋
果，還有微軟與英特爾，因為他們掌握了九成的創意與創
新，台灣業者就是負責接單與製造。

　　至於面對全球消費者的 to C 生態系，你我手中每分每
秒要用到的網路服務與平台，也確實不是台灣擅長的方向，
我們比較適合做幕後推手與隱形冠軍。

　　再下一個十五年呢？我們看到大陸的騰訊與阿里巴巴，

在 Web2 也創造了新生態系統，而美國的蘋果與 Google 續強，Meta 雖然幾度摔了一跤，生態系統中的劍橋分析與元宇宙方向出了亂子，但是累計了三十億人十多年來每分每秒的數據，以此推出 AI 語言大模型「Llama」，仍是其廣告獲利模式的金鐘罩。

如今台灣人都在買 DJI 的無人空拍機，小米的掃地機器人也總是賣到缺貨，各種智能硬體與「互聯網＋產品」，讓台灣喊了十多年的「智慧家庭」口號，全都被大陸品牌與 Apple 收割。

果粉們都熟悉的 Apple，從手機串連 Apple TV 與 Home Pod，但確實還沒有推出掃地機器人與 Apple Car，加上 Vision Pro 千呼萬喚始出來，必然有其生態系上的商業考量。《經濟學人》曾經為文分析，透過 iPod 與 iPhone，蘋果早年即成功營造出月暈效應（Halo Effect），讓過去對蘋果不熟悉的消費者，開始對 Mac 等蘋果系列消費性電子產品產生興趣。

至於從智慧手錶到智慧眼鏡，從智慧手環到智慧氣炸鍋，to C 的消費性產品，台灣品牌則是都缺席了。

網路這行業，確實最容易顛覆既有市場與既有商業模式，在 Web1 與 Web2 的發展初期，我們看到有太多小跳蚤一夕冒出頭，就幹掉大象的故事了！雅虎、Google、

Facebook，都曾經走過一樣的路，迅速成爲了龐大平台，也創造了新的生態系統，但他們也很容易在下一個新浪潮被淘汰，或許台灣只要默默當個造浪者就好。

美國管理大師 Peter Drucker 在《創新與創業精神》（Innovation and Entrepreneurship）一書中強調，企業的主要功能就是創新。他認爲，一個企業只提供單一經濟產品與服務是不夠的，企業必須提供更好及更多的產品與服務：企業不一定要越來越大，卻必須不斷地愈來愈好！如果不創新從平台打造生態系，沉溺在過去的榮光當中，面對新崛起的對手，後果自然很可怕。

事實上，創新的方程式，是創意加上商品化（commercialization）。簡單的說，一個好的發明（invention）、好的創意（creativity）、好的專利（patent），是不一定能夠賺錢的。如果以爲有專利就能賺大錢，還能夠打造生態系統的話，就太小看蘋果與 Google 等巨擘了。

魔鬼都在細節裡，所有的偉大產品與成功商業模式，也都是一層一層堆砌起來的，生態系則是最終的成果呈現。

32

不要錢的服務最貴

————————

　　我曾經在北京十號線地鐵上，看到一對拉著二胡乞討的老夫婦。頭髮都花白了，面對著乘客的冷漠，以及警察的驅趕，他們堅定眼神裡閃著一絲淡定，好似看透了這現實的紅塵俗世。

　　因為不過就在幾分鐘前，我在一號線旁的國家大劇院裡頭，欣賞知名小提琴家呂思清的演奏會。他的琴藝，早已得到了國際的讚譽，今天在北京演出，甚至有好多位五、六歲的學琴小朋友特地前來聆聽，他們肯定希望有朝一日也能夠成為音樂家。

　　兩個場景，兩個震撼。因為同樣是一把樂器，同樣是一塊木頭與幾條弦，創造出來的價值差別是如此巨大。拉二胡的老人，一次乞討一兩元，一天下來頂多掙個數百元人民幣，僅能維持溫飽。拉提琴的大師，一個前排座位就要價八

百元人民幣，一年在歐美巡迴幾次演出，生活肯定不會是他生命中的大問題。

音樂家不是為財富演奏，乞討者卻是為金錢低頭。這確實是天差地別的，關鍵在於你能不能創造更高的價格與價值。

價值？乞討者衍生的價值，有一部分是觸發了施予者的善心，創造一個給予的機會，雖然不如中世紀贖罪券般有價值，但仍然是可以讓給予者在睡前在心裡告訴自己今天日行一善，可以帶著微笑入夢。不過我們要說，這整個乞討流程與環節，肯定是不值錢的，要不然乞討者可以拿得更多。

在平台經濟的贏家通吃格局中，跨國網路巨頭們深知，提供網路服務的免費與易得性之後，擁有龐大的用戶基數後，錢就不是問題了，估值與市值都自然會得到支撐，而你我卻不知道不要錢的其實最貴。

平台確實能夠提供更好的弦樂，供全世界的有錢人與沒錢人欣賞！沒錢人沒有什麼能付出的，只能出賣與貢獻個人隱私與數據，就跟黑道強取遊民的身分證當作人頭一致。

話說回來，其實我們多數人都是乞討者，都在用工作向社會乞討。工作價值低的人，每天就會跟地鐵上的乞討者一樣，整天都在擔心一個問題：入不敷出。

不論是 00 後的社會新鮮人，90 後的小白領，70 與 80

後上有父母、下有兒女的「三明治族」，肯定有很多人每天每夜都在煩惱這個問題，所以我們天天向上，希望創造更大的價值，換得更高的薪資。就連《Time》都曾經在金融風暴後，指出「十大立即改變世界的主意」（10 ideas changing the world right now），首要第一條就認爲「工作是新資產」（jobs are the new asset）每個人都該珍惜，因爲一直以來，大家都在談論自己的股票、房子、車子、投資組合，卻容易忽略工作才是最重要的人生核心。

作爲金字塔中下階層的我們，貢獻勞力與腦力換得薪資，提供隱私與數據換得網路服務，這就是漫漫數十年人生的眞諦與剩餘價值（德語：Mehrwert）了吧！

第四篇

支柱篇：賦能台灣，
我們究竟還缺什麼？

2023 年返台，林書豪在台灣職籃又掀起「林來瘋」盛況。

在 NBA 走過十個賽季的嚴苛挑戰，林書豪歷經八支球隊的考驗，終於在 2019 年站上了總冠軍賽的禁區！雖然當年在多倫多暴龍隊沒有太多上場時間與實際表現，但他無庸置疑，仍是冠軍隊伍一員。

回顧 2011 年在紐約尼克隊掀起的林來瘋盛況，我曾經認真研究與探討 NBA 球員的成功之道，畢竟林書豪在出道之初，兩度遭球隊釋出，其實是多數 NBA 球員都曾經走過的遭遇。

因為職業籃球本來就非常現實，是一條險路，除非初出茅廬的林書豪決定離開 NBA，不靠籃球賺錢，用他哈佛大學的學歷找工作，否則就要習慣 NBA 的遊戲規則。

眾人皆知，美國的職業運動，不論是籃球、棒球、網球、美式足球，總是有太多新星竄起，一下子大放光明吸引眾人眼球後，瞬間又消失的例子，更無法支持所屬球隊拿到冠軍金盃。

在林來瘋 2011-2012 年那一季，紐約尼克隊確實在季後賽第一輪止步，與林書豪的星光熠熠，受到齊聚紐約的美國主流媒體熱捧，確實有著極大反差。

2019 年，林書豪雖然在總冠軍系列賽，總計上場時間

只有 51 秒，但是多倫多暴龍迎來隊史首冠，林書豪也抱著金杯笑開懷，證明「運氣也是實力」！眾多優秀球員一輩子拿不到一枚冠軍戒指，林書豪就算是暴龍的板凳球員，也沒有人能反駁他的十年 NBA 經歷，沒有下過苦功。

更不用說，林書豪在 35 歲的職業球員生涯末期，抵台加入高雄 17 直播鋼鐵人職籃隊伍後，三個月就讓 PLG 聯盟成為他「一個人的武林」了。

我們回顧三十年前，中華職業籃球聯盟（CBA）成立，是繼菲律賓籃球協會（PBA）之後，亞洲第二個職籃聯盟。CBA 在 1990 年代風光一時，宏國象與裕隆恐龍更是黃金對戰組合，可惜 CBA 在 2000 年不得已停運，現在小球迷們只知道中國的 CBA 了。

如今三十年後，P. LEAGUE+ 與 T1 兩大聯盟，重振台灣男子籃球風氣。2023 年，兩大聯盟的總冠軍戰，由台北富邦勇士與新北中信特攻分別奪冠，讓大家見識了金控資本的深厚實力，高帥洋將的強大能力，以及商業化與娛樂化的轉化力。

台灣籃運空白了將近二十年，半職業的超級籃球聯賽（SBL），始終背負著罵名，是讓球迷進不了場的元兇。這讓 2023 年甫在 SBL 奪冠的裕隆納智捷籃球隊很無語，畢竟已經成軍了 58 個年頭，加上 40 年歷史的台元女籃，裕隆是

支持台灣籃運最久的企業集團，現在卻失去了話語權。

話語權？PLG 與 T1 兩大職業聯盟，加總有上百家廣告主與贊助商，SBL 遠遠被拋在後頭，實際入場與線上觀戰人數屢創高峰，兩大聯盟確實改寫了台灣籃壇歷史。

T1 聯盟最大咖球星霍華德，在 2022 年加入桃園永豐雲豹隊後，也成為全台高度關注的「現象級球員」，就連美國籃壇也熱議他在成為 NBA 棄將後，如何在台灣覓得第二春！甚至連傳奇中鋒歐尼爾，也都跟霍華德在社群平台上一搭一唱。

台灣的高科技產業，過去四十年在硬體與半導體發展上基礎紮實，但到了「軟硬融合」的新時代中，能不能也有林書豪與霍華德加入，順利達到「賦能」目標，創造橫空出世的新願景呢？

33

用市值分高下

———————

　　2013 年 8 月，華盛頓郵報以 2.5 億美元賣給了 Amazon 創辦人貝索斯，全世界都沒有人驚覺，這家 1877 年創辦的大報，竟然這麼便宜！當時到現在，美國有上百家新創網站或 App，估值都遠超過了這個價格。

　　直到 2014 年 2 月，Facebook 併購了 WhatsApp，成交價是 190 億美元。你一定會問，報紙跟 IM 怎麼能夠相提並論？但純粹從「價格」考量，WhatsApp 確實是華盛頓郵報交易時所有資產的 76 倍。

　　到了 2016 年，兩起商業投資與策略聯盟案，在成交數字上，也很值得深究。

　　一是鴻海以 35 億美元取得夏普 66％股權，二是阿里巴巴以 10 億美元入主東南亞最大電商平台 Lazada。全球代工巨人擒下東瀛面板技術領頭羊，中國互聯網巨鱷出海吃下東

南亞電商同行，這都是科技業的盛事，不少報導也都用「天價」來形容購併金額。

鴻夏戀分分合合，前前後後談了四年之久。最終換算一下，夏普當年市值是五十億美元出頭，約為鴻海當年三百億美元市值的六分之一，而阿里巴巴當年市值達兩千億美元，僅投入了兩百分之一的市值，入主 Lazada。

十億美元市值，也就是我們口中說的新創企業「獨角獸」，用這標準來看，夏普當年約為五隻獨角獸、HTC 當年市值是兩隻獨角獸、宏碁當年市值則是一隻獨角獸。

你一定會問，夏普、HTC、宏碁是日本與台灣的標竿企業，怎麼這麼「俗」？的確，就算是大者如鴻海，近十年市值皆在 300 至 600 億美元之間盤整，也是你我熟悉的大牛股。

相較於 2023 年市值突破一兆美元的 AI 當紅炸子雞輝達，以及 FAANG 等美國「尖牙股」大客戶相比，鴻海市值是零頭中的零頭，更長年落後 Uber 等新經濟領頭羊，這確實是台股投資人不常察覺與比擬的事實。

就算經歷大陸整改監管政策多年，騰訊與百度，還有阿里巴巴加螞蟻金服，仍是在美國之外，全球名列前茅的網路集團。這是網路平台與生態系統的真實價值，也反映成為股價與市值。

對比在香港掛牌上市前，阿里巴巴董事會主席蔡崇信帶著馬雲特地到台北，跟檯面上各大企業家都吃了飯、喝了酒，但就是沒人「有勇氣」投資阿里巴巴！

蔡崇信寧願犧牲跨國投資銀行的高薪，加入剛剛起步的阿里巴巴，他迄今持有的阿里巴巴股權，在歷年的胡潤富豪排行榜上，不僅曾排名台灣前五大富豪，更屢次超越郭台銘的財富，這真是「識老闆」的境界！

胡潤與美國富比世（Forbes）雜誌等富豪排行榜，多半都是從公司市值為準，按照公開資訊來計算個人持股，算出富豪持有的財富。當然，在持股之外，這些富豪持有的房地產，甚至是書畫收藏，都很難被衡量與調查得到，但以持股的未實現財富來計算，仍是多年來富豪排行榜的有效評選。

蔡崇信的未實現財富，幾度隨著阿里巴巴市值高漲！身價富可敵國的他，還花了二十億美元，在 2018 年還買下了 NBA 布魯克林籃網隊，巧合的是，林書豪在 2016 至 2018 賽季也為籃網隊效命，兩人的台灣身分與緣分，當年一度就在大蘋果交錯了。

34

台灣還是只能做 toB 硬體？

　　台灣一直以來的優勢，是在中山高沿線，從台北到高雄，有龐大的零組件供應鏈，供歐美日客戶一次購足。

　　台灣不是不能打造生態系統，只是一直都在 to B，不是 to C！台積電與聯電，以及他們全世界的 IC 設計客戶，就是最好例證。因為在台積電創辦人張忠謀，以及聯電榮譽董事長曹興誠，在台灣開創晶圓代工模式之前，全世界是沒有這個行業的。

　　過去二十年，台積電打造的「開放創新平台」（Open Innovation Platform, OIP），就是半導體產業內的重要生態系統，更是無國界與全球化的。

　　過去的「Intel Inside」，全世界的電腦品牌都難以自拔，現在「TSMC Made」，就連美國總統拜登都樂意的說，蘋果只是台積電的小客戶。如今不論你我手上蘋果產品的 A

系列晶片，還有高通的「Snapdragon」手機晶片，以及輝達與 AMD 的 AI 晶片，全都是台積電開放創新平台生態系統的重要成果。

相較於台灣半導體與硬體生態系只能 to B，以及電子五哥對於消費市場的認知與經驗落失，中國的龐大市場，顯然更能讓創意更容易和變成智能產品推向 C 端。

「台灣緣何被深圳超車？」各大財經雜誌曾經熱議，一大關鍵是是珠三角的供應鏈資源！大灣區各城市，聚集了超過數萬家硬體工廠，而且幾乎所有晶片之外的電子零組件，都能在這個地方找到，進一步更促成了智慧型硬體創業熱潮興起。

當然，政府政策是必要的！以電動車來說，山西太原整個城市的計程車，都已經在 2015 年起，改爲深圳出產的比亞迪「e6」電動車，不論在火車站、百貨公司，甚至是高架橋下，到處都可見到充電椿。上萬輛太原計程車，早已全數更迭爲純電動車，太原市政府補貼車價達三分之二，並且強制性停駛燃油計程車，造就了全中國第一、乃至於全世界最早期的電動計程車上路榮景。

香港利豐集團董事長馮國經曾經公開說：「珠三角永遠是中國的先驅者！」珠三角確實已經揮別低階工人，制式化的流水線生產，加速進入產品開發、工程設計、自動化等新

元素在內的製造服務體系。

　　台灣自傲的產品開發速度，也確實被比了下去，尤其在Web2 時代更強調的「迭代」效率，讓還在使用微軟 XP 視窗系統的台灣老字號集團，確實很難理解。

　　從結果論來看，珠三角從原本遠不及台灣的硬體代工製造基地，「騰籠換鳥」迅速轉變成全球最快的設計與創意成果轉化中心，並且在十年之內，創造出比台灣更大規模的智慧型 to C 硬體產業。從無人空拍機到掃地機器人，從智慧氣炸鍋到智慧穿戴配件，都是大灣區軟硬整合後的產物。

　　當台灣還在疑惑是智能的硬體，還是硬體的智能時，也好奇小米生態系的眾多產品，會有多少人買時，這些大象客戶與跳蚤企業們，都秉持「做了再說」的試錯心態，前仆後繼把結合網路服務的軟硬體產品向市場推出。

　　過去二十年的同一時間，我們也聽到軟體正在吃掉全世界，尖牙股（FAANG）主要都是用網路服務黏住你我，擁有數以十億計的用戶。之初創投創始合夥人林之晨，公開呼籲台灣真的不能再講「軟硬整合」，現在必須開始講「由軟到硬」！這四個字，真的就是精髓了。

35

軟硬融合不該是口號

2020 年，我創立的《鏗科技》新媒體網站，期望為台灣半導體、硬體代工、零組件等支柱產業，提供轉型升級的良方，更重要的是找到新路！關注 5G 與 6G 通訊、人工智慧、機器人、自動車、新能源、物聯網、新零售等重要趨勢，讓台灣能夠「軟硬融合」，甚至「由軟帶硬」。

舉例來說，大家熟悉的 Gogoro，以及 WeMo Scooter 威摩科技，都自認是交通出行的數據科技公司，而不只是僅提供運具的車輛品牌。

相較於光陽與三陽，這些成熟機車品牌的股價與市值，就擺在這裡，而他們競爭的是車輛銷售規模與市占率數字，但 Gogoro 與 WeMo 提供的電動機車與共享服務，比的是用戶數據累積，以及用電出行路徑，還有衍生而來的廣告與線下服務商機。雖然都是在交通出行場域中提供服務，但雙方

不是同一個故事。

不是同一個故事，股價市值也不在同一個範疇。美國 Uber 與 Tesla 的市值，跟台灣大車隊與裕隆汽車，自然不會在同一個象限，因為前者是從新經濟中誕生出頭的。

電動車運用了車聯網，以及自動駕駛技術，當然比百年油車硬體工業來得更有價值，這就是「軟硬融合」的成效了。

台灣在半導體、硬體、代工產業的成熟，如今卻造成進入軟體服務與移動互聯網時代的青黃不接。前聯電董事長暨執行長胡國強曾對我說，「OEM 與 ODM 營運模式，扼殺了台灣的創新文化！」

硬強軟弱，一直是台灣高科技產業的實際現況。台股的上市上櫃公司中，超過 900 家都是半導體硬體代工關鍵零組件的上中下游業者，更不用說，股民口中的電子五哥與護國神山，任一家的營收都比台灣整體網路產業的產值多得多。

硬體思維與軟體思維孰重孰輕，確實導致產品研發與商業模式天差地別。

你我都知道，台灣熟悉的路徑是，當先進製程的 AI 晶片有大量需求，輝達下訂單台積電進行製造，再把製造完成的晶片放進廣達的伺服器當中，這就是 2023 年台股最夯的 AI 概念了。當然，台積電與廣達都在原先熟悉的製造領域

中，已經準備好了相應 knowhow 與先進技術，而競爭對手都沒有跟上來，高漲股價自然獨走。

不過，根據美國方舟投資的估計，AI 最大商機仍是軟體不是硬體！AI 硬體每賣出一美元，AI 軟體就可以賣出 8 到 21 美元，這可以看得出軟體的十倍速成長商機。

又如同 2019 年，當礦機晶片出貨旺盛時，比特大陸曾經一度躋身台積電前十大客戶，而沒有預期到礦機晶片熱潮的聯發科，當年甚至還沒有開始進行礦機晶片的研發。之後隨著加密貨幣行情走跌，以及 PoW（Proof of Work）算力挖礦占比降低，礦機熱潮也迅速退燒，但聯發科就直接錯過了整體趨勢。

AI 晶片與礦機晶片，其實都隸屬「由軟帶硬」的範疇，但多數台廠可能事先都沒有預期到，ChatGPT 與加密貨幣等網路趨勢已經來臨，所以沒能把自己準備好，這也是台灣「重硬輕軟」的日常。

36

台積電仍是護國神山

---

　　86 歲那一年，正準備退休的台積電創辦人張忠謀，攀上了人生最高峰。

　　台積電市值當年來到歷史新高的 1600 億美金，這比張忠謀老東家德州儀器的 710 億美金，遙遙領先。單純就退休前的經營成績來看，張忠謀已經青出於藍，更不用說，台積電在 2022 年市值衝破 6000 億美元歷史高峰，當年更成為全亞洲最高市值的公司。

　　大家都知道，德州儀器啟蒙了張忠謀的半導體生涯。1972 年，他當上德州儀器的資深副總裁，掌管營收超過五成的半導體部門，排行第三號人物。這好比林書豪在 NBA 紐約尼克隊一鳴驚人，張忠謀當時就代表華人，衝進了美國五百強企業由高大白人捍衛的禁區。

　　1987 年，張忠謀在新竹創立台積電。當時這個前無古

人的商業模式，幾乎沒有人看好，甚至很少有人聽得懂。

「他那時心情很黯淡。」曾經擔任台積電第一座六吋廠廠長、台灣 DRAM 教父高啟全回憶說。

張忠謀在美國一帆風順，但脫離了大公司德州儀器、大組織工研院，在 55 歲中年走上創業路，很多事情都不如他所願。

要自己到處做簡報，向股東找錢，還要自己找人、建廠，每個環節都要從頭學起。他自願從人生的高峰，走到低谷當中。

如同美國知名作家強森（Spencer Johnson）在《峰與谷》（Peaks and Valleys）一書中所提：今天逆境中做的聰明事，會開創明天的順境。強森還在書中說：到達下一個高峰的好方法，就是追隨你的理想願景。現在來看，張忠謀想像出、並順利攀上了他人生的第二座高峰。這台積電商業模式的創新，也開創了全球矚目的台灣半導體聚落。

我曾經一個人，在竹科多次專訪張忠謀。每次問到他四五十年前發生的事情，他的記憶力都好得驚人，娓娓道來彷彿昨天發生的事情。相較於單純的產品創新，他更推崇的是商業模式的創新，像是星巴克能夠把三毛美金的咖啡，賣到三塊美金，這範例他也說了十多年之久。

台積電的成功，最為關鍵的，也是商業模式的成功。張

忠謀與聯電前董事長曹興誠，分進合擊推動的晶圓代工商業模式，成功走過超過三十個年頭，他們對抗的是老牌半導體巨頭們，擁抱的 IDM 一條龍模式。

從晶片設計與製造，到最終的封裝測試，歐美日韓 IDM 列強過去都是一手抓，這也是張忠謀在德州儀器時代，窺見與參與的全球半導體市場脈動。

直到張忠謀在新竹創業後，台積電前無古人的，啟動晶圓代工製造的商業模式，正式開啟了半導體產業的新時代。直到今日，一座 12 吋晶圓廠的先進製程投資，就要上百億美元，這讓 IDM 模式難以為繼，僅剩下少數業者堅持著。

十多年前，半導體產業的常識是，IDM 業者的製程，通常領先晶圓代工一到兩個世代。舉例來說，當英特爾在做 45 奈米時，台積電可能還停留在 90 奈米，中間還隔著還一個 65 奈米製程。

不過，台積電從 45 奈米開始，就「走前半步」，英特爾則是走正規的路線。所謂的走前半步的策略，是指英特爾做 45 奈米時，台積電就做 40 奈米，接下來英特爾做 32 奈米，台積電則做 28 奈米。

前台積電共同營運長蔣尚義分析說，這是一個「大吃小」策略，同樣一個製程假定台積電可以做，別人也可以做，就占不了便宜，而台積電走到前面一步，有這個優勢，

可以占他便宜。現在來看這是一個成功的策略，台積電在先進製程上，已經贏得全球客戶的肯定，甚至連 IDM 業者都要來下訂單，從 28 奈米開始，全球前二十大的 IDM 與 IC 設計客戶，都跟台積電有合作關係。

「我們總是跟客戶說，你把我們的廠，當作是自己的廠，」這是台積電的承諾。

為了搶下 IDM 客戶大訂單，台積電曾經擬定了一套「群山計畫」，針對運用先進製程的 IDM 大廠，設置專屬的技術計畫來支援個別的不同需求。2000 年起，12 吋廠成為建廠主流，但一座造價高達 25 到 30 億美金，不僅中小型 IDM 業者負擔不起，大型 IDM 業者要投資，也常顯得吃力，「群山計畫」德儀、意法半導體、摩托羅拉順利磨合，台積電順利贏得 IDM 業者芳心。

IDM 公司也一個接一個，放棄晶圓製造、放棄自建晶圓廠，或走所謂「fab-light」（輕晶圓廠模式，即不再繼續投資晶圓廠，不足產能交由晶圓代工廠）模式。

「我們只有做一個行業。對我們來說，晶圓代工的競爭是生存問題，但對三星來說不是一個生存問題。」這是張忠謀曾經對我說到，他對競爭對手三星的看法。

三星是韓國首大企業巨頭，從半導體到面板，從金融到房地產，就是韓劇中無所不能的霸氣集團，但如果只談到晶

圓代工，只是集團中的一根支柱，不是整棟豪宅。張忠謀對我語氣加重了幾分說，「我們要必勝才行，三星不是必勝才行。」

至於中芯在過去二十年，在先進製程的長期落後，早已不是台積電創辦人張忠謀眼中的「七百磅大猩猩」。中國從十一五到十四五，都將半導體列為重點產業，都始終在晶片設計與晶圓代工難以超車。這其中包括連續兩期的「國家大基金」，以及中芯重新在科創板掛牌，二十多年來官民總投資額是以萬億人民幣計，但仍然被台積電打趴在地上。

現在我們看到，從上游 IC 設計、中游晶圓代工、下游封裝測試，台灣已成為世界第二大的半導體聚落，台積電更為台灣創造了 GDP、高獲利、就業率，張忠謀在台灣說的每一句話，也越來越有影響力。

2008 年的金融風暴，張忠謀回任台積電執行長，並且開始展開十年接班大計，台積電董事長劉德音與總裁魏哲家在 2018 年順利接棒。

回顧金融風暴時的 2009 年，張忠謀回任執行長後的第一場法說會上，特地跟身穿全套無塵衣的劉德音，從晶圓廠進行視訊連線說明 40 奈米製程的良率，完整為外資法人解惑。坐在法說會現場的我跟大家，雖然沒在螢幕上看到劉德音「露臉」，但這確實透露了張忠謀在總執行長蔡力行卸任

後，重新苦心栽培接班梯隊的苗頭。

同樣在那兩年，張忠謀拉著魏哲家，在農曆年前的法說會後，跟媒體記者一起吃湯圓。坐在強人張忠謀身邊，魏哲家還能自在展現幽默感與滿臉微笑，也看得出來魏哲家的業務手腕與「人和」，深得張忠謀信任。

直到 2012 年，「蔣爸」蔣尚義、劉德音及魏哲家擔任共同營運長，正式開啟了「後張忠謀時代」的集體領導局面。隨著蔣尚義與劉德音陸續退休，魏哲家即將在今年六月，展開一人身兼董事長、總裁、執行長的「完全執政」新階段。

中共中央政治局設有七位常委，排名先後與政治資歷正相關，但其實現在也只是總書記一人說了算，這讓中國從集體領導重回歸拜登口中「以一人之力治理一個國家」。如同鴻海郭語錄常談的「獨裁為公」，魏哲家接下來就是台積電「偉大的統帥、偉大的舵手」了。

在 2018 年張忠謀退休前，媒體總是以「小張忠謀」的暱稱，來窺視台積電的接班人，但劉德音與魏哲家雙人共治以來，確實以先進製程的高歌猛進，以及營收獲利年年成長的好表現，實質說服了社會大眾，台積電確實不需要「小張忠謀」了。

當然，張忠謀仍是台積電的精神領袖。他一手打造的世

界級公司治理體系，也遠遠超過台灣上市上櫃公司的一般標準，這是創辦人跟投資人都能放心的交棒過程。

管理大師 Peter Drucker 的名言是：領導人的主要職責，應是成為搭舞台的人！

張忠謀確實重新把舞台搭好，他把團隊中，一個個主角、配角重新就定位，雖然過程中，有人事上的陣痛，也有外界的諸多臆測，但他都堅持走過來了，因為沒有人比他更瞭解半導體行業變化，更清楚景氣的波動，更知道自身公司所面對的問題。

台積電前三大客戶、博通（Broadcom）前總裁暨執行長麥格瑞格（Scott McGregor）多次近距離觀察張忠謀，他曾經對我比喻說，「張忠謀年紀雖然大，但仍不斷茁壯（going strong），就像股神巴菲特。」

我們現在都知道，張忠謀不僅是經濟學家，對景氣、油價精準發言，也曾代表總統擔任 APEC 特使，為台灣開拓國際空間。雖然他也曾出任國策顧問，但一直與政壇有著最遙遠的距離，無論藍綠誰執政，張老爺爺的身段與嘴巴都很嚴謹，始終謹守分際。

這麼多年過去了，張忠謀一直都是台灣最受敬重的企業家，這就是所謂的歷史定位了吧！

37

中國製造後的美國製造

　　台積電在 2022 年赴亞利桑那州興建三奈米先進製程晶圓廠，400 億美元的龐大投資金額，讓美國總統拜登親自站台，是美國歷史上最大外商投資案之一，更是「美國重返製造」的最佳象徵。

　　只不過，大家可能都忘了，2017 年鴻海創辦人郭台銘與川普前總統，兩人親暱地在白宮開記者會，還飛到威斯康辛州動土，宣布四年要投入 100 億美元建構 10.5 代面板廠，如今卻打了水漂！川普口中的「世界第八大奇蹟」沒有發生。

　　半導體與液晶面板，二十多年前就是陳水扁前總統口中的「兩兆」產業，只不過晶片越小越難做，而面板則是越大越先進！相較於半導體成了台灣的護國神山，台灣面板五虎卻成了小貓，大陸的京東方已穩居全球首大業者，近十年來

面板在大陸業者出貨量暴增的情形下,導致行情易跌難漲,全球面板整體產值持續萎縮,已經不是一門好生意。

只不過,郭台銘向來對面板情有獨鍾。從 2009 年群創購併奇美電子,到 2016 年吃下夏普,更對川普承諾,要在非高科技聚落的威斯康辛,樂觀創造 1.3 萬個工作機會,打造「Wisconn Valley」(威斯康谷),跟矽谷看齊。

後話大家都知道了,郭董雖然榮膺川普口中的「最偉大商人」,但威斯康辛的奇蹟卻打了水漂,郭董卸下鴻海董事長與董事重任後,比較想到總統府上班。

當然,「美國製造」仍是美國兩黨的共同願景。共和黨一直搞不懂面板,民主黨則是在短時間內弄懂了半導體,也在地緣政治傾軋的大局中,順利讓台積電在美投資金額,從原定的一百億飆升到四百億美元。

雖然張忠謀在亞利桑那晶圓廠動土典禮致詞時,口中仍然思思念念,回顧上一個世紀在華盛頓州的建廠惡夢,確實不太給拜登面子,但台積電現在的晶片製造實力,也已經站在光明頂上,連英特爾都追不上。

至於鴻海董事長劉揚偉接棒後,電動車一直是他口中的最大亮點,也是老郭時代沒做過的新生意。在他治下,鴻海不論是與裕隆策略聯盟,籌組 MIH 聯盟,都是新路。

目前全球汽車與周邊產業,整體產值超過 4 兆美元,但

未來隨著電動車興起，整體產值將上看 6 兆美元。全球智慧型手機產值在 4500 至 5000 億美元之間，僅是目前汽車產業的十分之一，但今年智慧型手機出貨量下修至 12.5 億支，年衰退為 6%，確實也不是容易的市場了。

只不過，鴻海賴以起家的泰勒式生產流水線，從 2010 年的兩位數員工跳樓事件，到疫情時鄭州廠的大批員工出逃與騷亂狀況，加上中美科技戰傾軋，都已證明「中國製造」的榮景不再，「95 後」與「00 後」的勞工管理，更是需要鴻海接班團隊多花腦筋了。

至於川普與郭董都是大企業家，雙方確實一見如故，只不過商場上也沒有一定做得成的生意，這讓川普對選民開了空頭支票，也沒有順利連任！幸好拜登沒有溢美台積電晶圓廠是「世界第九大奇蹟」，畢竟要在美國蓋廠，方方面面都不簡單，張忠謀一直以來的憂心忡忡，也不是毫無緣由，未來就看魏哲家的經營手腕了。

38

張忠謀為何不給裴洛西面子？

―――――――――

　　「美國提高國內半導體製造是浪費、昂貴，又徒勞無功的做法！」這是台積電創辦人張忠謀的直白結論。在美國政府通過「晶片法案」，準備挹注 520 億美元給半導體產業後，他甚至還在 2022 年當著蔡英文總統的面，在台北賓館國宴上，對美國前議長裴洛西直言不諱，看衰「美國製造」的晶片先進製程發展。

　　台積電在竹科挖山興建 2 奈米新廠，也在南科推動 3 奈米量產，加上高雄新廠也已動工，2022 年與 2023 年資本支出分別達 363 與 316 億美元。相較於美國晶片法案的資金，分五年逐步分配給英特爾與格羅方德（Global Foundries）等多家申請挹注的企業，台積電一個人的武林，已超越整個美國。

　　關鍵在於，一座月產 5 萬片的 14 奈米的十二吋晶圓廠，

造價就要一百億美元以上，更不用說，二奈米與三奈米的天價了。美國晶片法案最主要的支出，是五年內用於先進製程製造的 370 億美元，如果不計民間企業的資金投入，也就是美國政府在 2026 年蓋好三到四座 14 奈米晶圓廠就用完了，而屆時 14 奈米則已成為成熟製程。

中國的半導體大基金，從 2014 年以來，總投入預算達 480 億美元，為什麼還打不過台灣？原因不只是所託非人，主導大基金的總裁丁文武與紫光董事長趙偉國皆違法犯紀，更重要的是，半導體的江湖中，砸錢投資只是第一步，研發技術與客戶關係更是光明頂上的致勝關鍵。

2024 年，在魏哲家接任董事長後，正是台積電從台灣走向全球化佈局的關鍵時刻，因為包括亞利桑納新廠的四奈米製程量產時間，將要遞延到 2025 年，確實不是一帆風順。至於日本熊本的六奈米新廠，以及德國德勒斯登的 ESMC 合資公司，箭也都在弦上了，就算台積電深獲當地政府的支持，但日不落的戰線同時拉長，真的都是挑戰。

當然，台積電在 2023 年市值超過 14 兆台幣，是 2018 年的一倍以上，也正是兵強馬壯的巔峰時刻。

至於張忠謀當時沒有向裴洛西說到的是，半導體產業上中下游的分工，經過三十年來的演化，已然清晰明朗。

最上游的 IC 設計，美國仍是王者。高通與博通仍然執

通訊晶片牛耳，AMD 與英特爾仍然寡占電腦與伺服器 CPU 市場，NVIDIA 輝達則是 AI 與繪圖晶片龍頭，更不用說，蘋果內部的晶片設計能力居全球之冠，不論 M2 筆電晶片，以及 iPhone 高階版 A 系列晶片，跑分都是世界第一。

至於 IC 設計業者仰賴的 EDA 軟體系統，美國的新思、益華、明導等領導品牌，強佔近八成市場。反過來說，IC 設計公司沒有 EDA 軟體，其實就設計不出晶片了，這也難過美國政府斷供 EDA 軟體後，大陸的上千家 IC 設計公司，都做不出晶片，只能捲鋪蓋了。

晶片設計好之後，要交給晶圓代工廠來製造出晶片，最後再送給封裝測試業者完成出貨。以 AMD 的市值超越英特爾為例子，就是把電腦與伺服器晶片交給台積電來做，而英特爾的晶圓製造先進製程，已經明顯跟不上台積電的快速腳步，甚至無法滿足自家 CPU 晶片設計部門的需求。

AMD 也曾經擁有多座晶圓廠來生產 CPU，創辦人桑德斯的名言是，「真男人就是要擁有晶圓廠！」沒想到，接棒的蘇姿丰，是半導體產業難得的「女力」，她最重要的唯一策略就是全數仰賴台積電的先進製程，順利帶領 AMD 市值飛越英特爾，走出了永遠「老二」的窘境。

真男人的晶圓廠，後來呢？格羅方德於 2009 年從 AMD 拆分出來後，雖然有中東石油國家的主權基金支持，但迄今

還是被台積電遠遠甩在後頭，更早已放棄投入先進製程。疫情前後台積電賺得盆滿缽滿的時候，格羅方德甚至多年陷入鉅額虧損。

　　台灣占全球晶圓代工產業營收的市占率，已經將近七成，台積電則接近六成，都居全球之冠。在地緣政治與中國軍演越來越緊張的當下，「矽盾」正為你我保家衛國。

39

5G 為什麼緩步前行？

2020 年釋出的 5G 頻段，總標金攀上 1380 億高峰，比 NCC 預估的 400 億，整整多出超過一千億規模，可說是政府在鼠年開春收到的最大紅包！這也導致當年輿論質疑電信三雄，能不能賺得回來？一般消費者的資費，是否會被墊高？

電信三雄從 2G 到 5G 時代，一直是台股獲利模範生。回顧中華電信自 1996 年民營化，台灣大哥大與遠傳掛牌上市以來，跟虧損窘境始終無緣。

就算是 2018 年發生「499 之亂」，中華電信全年每股盈餘仍達 4.58 元，不得不跟進的台灣大哥大與遠傳，全年每股盈餘分別也達 5.01 元與 2.88 元，顯見 4G 時代就算來到最末第四節，扣除設備折舊與手機補貼後，電信三雄仍然有利可圖。他們的龐大家底，也讓台灣之星及亞太電信，

「兩小」始終難以突圍，只能選擇嫁入豪門。

從 2G 到 5G，每十年一次的電信與通訊產業迭代，電信三雄剛開始當然要大手筆投入，包括標得主要頻譜與頻段，上山下海建置基地台，還有品牌行銷預算搶攻「心佔率」，這些確實都是電信業者的日常。資本支出的多寡，對於電信三雄股價與獲利的影響，機構投資人與老散戶都算得出來。

當然，各國對於 5G 應用與普及的質疑聲浪不減，但我們回顧全世界 3G 與 4G 的早期發展階段，也曾歷經各國政府頻譜釋照標金過高，對於軟體服務應用的百般質疑，還有基地台佈建速度與訊號普及的過程，尤其台灣還曾經在 WiMax 規格上走了彎路。

如今回過頭來看，台灣電信業者至少在「鋪水管」的本業上一把罩，只不過蓋完頻寬高速公路後，上頭跑的都是賓士與法拉利！臉書與 LINE 就是最好的舶來品例子，國產車真的很稀少。

Web2 的產業發展，在 4G 頻寬與智慧型手機產品愈發成熟的情形下，造就中美諸多新創企業成為科技巨頭。抖音母公司字節跳動，就是移動互聯網產業下半場的最新例證，上半場的 FANNG「尖牙五哥」早就賺到了全世界的錢。

在過去十年的 4G 時代，軟體與網路服務，賺走了八成

的收入，造就歐美日韓以及大陸的騰訊與阿里巴巴等巨頭。相對來說，包括電信業者、基地台設備商等硬體業者，只賺不到兩成的收入。硬體業者們到了 5G 時代，當然都想要「軟硬兼施」，但僅有少數龍頭業者如 Apple 能夠達到此一願景。

拉長時間來看，5G 未來會真正迎來萬物聯網的時代，透過智慧手錶與手環，智慧眼鏡與服飾，我們每分每秒的數據，都將存儲在雲上。

然而，由 4G 到 5G 的迭代，目前看起來已經比 3G 到 4G 時代，來得相對緩慢。關鍵在於，你我手中的網路應用與服務，還沒有更大更高的頻寬需求，你我手機上的 App，也都是從 4G 時代延續過來的老款，滑滑臉書用用 LINE，甚至收看高畫質影片，4G 頻寬皆已能夠滿足。蘋果遲至 2023 年才發表 VR 與 AR 的消費端裝置，以及各種虛擬實境的殺手級應用還沒普及，都導致 Web3 的新時代，還要再等等。

5G 由軟帶硬確實不容樂觀，造成 to C 的豐盛榮景，確實還要等上一陣子，這讓 to B 先成為 5G 落地場景。

以智慧工廠為例，日月光就攜手高通、亞旭、資策會、愛立信、富鴻網、戴夫寇爾，於晶片的封裝測試工廠中，全面採用台灣 5G 終端設備。具有數千兆位元速度和超低延遲

的無線光纖寬頻網路，是台灣主流製造業與半導體「護國神山」產業，進軍智慧製造與「工業 4.0」的成功範例。

因為智慧工廠的建置，需要在生產線上連接製程設備以傳輸大量製程資料，但是現行 WiFi 無線網路資料傳輸速度不足且不穩定，導致移動式應用無法有效使用。

具備超寬頻、低延遲、以及高可靠性等優勢的 5G 專網成為解決方案後，擁有極高的上下行資料傳輸速度，以及大網路容量是打造智慧工廠的基礎，並能提供高度資安及保密的需求。

高通副總裁暨台灣、東南亞與紐澳區總裁劉思泰認為，5G 發展的下一步是邁向獨立組網，以推動如工業物聯網、雲端服務領域的產業成長，這正是 5G 賦能台灣的最佳示範。

半導體與硬體代工，還有龐大的關鍵零組件製造聚落，仍然是台灣的強項。透過大數據與人工智慧，以及區塊鏈等新興技術趨勢，未來如何軟硬兼施，開創智慧製造的新天地，就是賦能台灣的關鍵了。

從手機到電動車

從 2007 年首代 iPhone 發表至今，智慧型手機的硬體製造，以及 Web2 的移動互聯網市場，撐起了全球的科技產值的大幅成長。

2021 年智慧型手機硬體產值達 3348 億美元，出貨量達到 14.3 億支，2022 年則為 13.4 億支，你我手上每一支手機裡頭，有數百個關鍵零組件，還有奈米先進製程的數十個晶片，還有螢幕機殼與億萬畫素鏡頭，這就是「一顆蘋果救台灣」的現實。

在智慧型手機之前，桌上型與筆記型電腦，也是台灣硬體產業的救贖。2022 年全球 PC 總出貨量為 2.85 億台，全球產值則為 2303 億美元，但早已是成熟產業，「PC 已死」的論調也講了二十年之久。

手機與電腦，建構了你我的每分每秒的數位生活，就算

已經來到高原期，但也不會那麼容易就消弭，會直到有更新的終端產品（Device）出現，才會逐步被取代。

所以這些年來，我們看到智慧手錶與智能眼鏡，還有VR 設備如 HTC 的 Vive 與蘋果 Vision Pro 都還不廣泛普及，但始終沒有取代手機的大餅，出貨量都只有數千萬台之多。

下一個高科技的億級產品在哪裡？答案唯一指向，就是電動汽車了。

2022 年，全世界在路上跑的汽車總數，達 14.46 億台，如果在未來 10 到 20 年全數替換為電動車，且導入更多的網路應用的話，將來我們在車上面對 LED 大螢幕，使用更多網路平台應用的時間，就會慢慢分食調使用手機與電腦的時長。

我們現在每人每天使用 5-6 小時的手機，這些時間，可能原本在看電視與用電腦，甚至可能是看書與看雜誌，但如今都被手機強勢搶走了。這 5-6 小時的時長，也造就了Web2 跨國網路巨頭的崛起，還有他們富可敵國的股價與市值。

可以想見的是，未來我們每天有 1-2 小時在車上度過，包括音樂與影音在內，相應的 App 與平台也會在車內服務我們，再加上自動駕駛解放司機的雙手，這就是大家一致看到的電動車軟硬體商機。

2023 年上半年，全球電動汽車銷量達到 620 萬輛，年成長率達 49%，2023 年下半年，全球電動車的占比將可望再加速成長，整體市占率上看 18%，銷售量超過 1400 萬輛，年成長率達 39%。

一大關鍵是，中國市場銷量達 340 萬輛，占全球比重高達 55%！大陸的各大城市，吉利等各大本土品牌的廉價電動車滿街跑已是現在進行式，網約計程車更在成本與減碳考量下，早已拋棄油車。

小米已經發展電動車多年，至於 Apple car 能不能成真，就是要看蘋果總是「後發先至」的慣用策略，何時要正式投入了！因為初估到了 2030 年，電動車滲透率 34.7％，一年銷售 3300 萬輛，如以一輛車售價三萬美元來估計，銷售規模達 9900 億美元，就已超過電腦加上手機總和。這也難怪，特斯拉與比亞迪的市值居高不下，投資人都抱持著樂觀期待眼光。

到了 2040 年，「棄油轉電」的滲透率 68.7％來估算，市場規模則高達 1 兆 9800 億美元，這也是賓士與豐田等傳統車廠都看到的一致景象。因為他們如果不顛覆自己，就只能等著被別人顛覆。

硬體的產值容易推估，軟體與網路的價值，則肯定是硬體的倍數！基於電動車使用的網路應用與服務，將會是

Web3 的重點發展方向。

　　Web1 之於桌上型電腦與筆記型電腦，Web2 之於智慧型手機與平板，Web3 的新載具就是頭戴式裝置與電動車了！這是我的大膽推估。

41

鴻海造車的恩怨情仇

「鴻海科技日」每年都選在創辦人郭台銘生日的這一天舉辦，看得出來，接班的劉揚偉董事長藉著祝壽名義，每年都要端出生日大禮，來證明他治下的鴻海，有更上層樓的蛻變與新生。

電動車當然是重中之重。畢竟大陸電動車領頭羊比亞迪，曾與鴻海有不共戴天之仇，如今比亞迪市值是鴻海的好幾倍，銷售量甚至超越 Tesla，還成為全球前十大汽車品牌，這當然讓郭董很難服氣。

2009 年，在波克夏公司宣布鉅額投資比亞迪 2.32 億美元之後，郭台銘曾經「三問」股神巴菲特：

一、為何投資竊取商業機密的公司？

二、敢不敢開比亞迪汽車上班？

三、國際大廠打造油電混合車要很久才開始賺錢，波克

夏以何種專業知識判斷比亞迪的未來潛力？

　　光陰轉眼飛逝，波克夏也一路陪著比亞迪董事長王傳福，屢屢跨越最艱難的造車挑戰與關卡，巴菲特肯定也不再需要越洋回答郭董的大哉問了。

　　如今波克夏仍是比亞迪股東，歷年來投資報酬率不僅沒讓股神丟臉，比亞迪市值如今更飛越賓士與 BMW 等主流汽車品牌，更遠遠甩開蔚來、小鵬、理想等中國電動車後進！就連小米投入一百億美元做電動車，都要找比亞迪合作。

　　順風搭上近年電動車補貼政策榮景，加上造車能力越來越精進優化，在強人王傳福口中，比亞迪如今只剩下「品牌」比不上特斯拉而已。

　　已經不在企業戰場第一線，比較想在政治場域找新工作的郭台銘，當然也已經好多年沒有跟比亞迪針鋒相對了，只不過，雙方商戰從手機代工打到電動車製造，又再次強強碰頭。

　　以 2022 年鴻海科技日推出的三款自主研發電動車來看，包括 Model C 休旅車、Model E 轎車及 Model T 電動巴士都很搶眼，郭台銘親自駕駛開進會場的 Model E，則是鴻海與義大利設計公司 Pininfarina 共同開發的車款，0 到 100公里的加速僅需 2.8 秒，並且具備行使多達 750 公里的續航力。

「對於 ICT 產業出身的我們來說，最大挑戰就是不會造車！」劉揚偉也明白說，鴻海的造車能力，仍待時間與客戶檢驗。眾所周知，鴻海與富士康，是全世界 3C 電子產品的代工巨擘，更是最會做手機的，你我手中的新款 iPhone 大多都是來自於富士康的流水線。比亞迪與王傳福，當年在深圳龍崗，也是師法富士康的泰勒式生產起家，更招聘了許多富士康幹部跳槽加入，當時確實惹火了郭董。

　　如今比亞迪經過十多年造車歷練，還有大陸龐大汽車市場洗禮，已經順利打響電動車品牌名號！看到死敵比亞迪已經跑在前頭，鴻海如何在電動車領域急起直追，未來發展全球都在看。

42

台北國際電腦展的轉型升級

　　每年春末夏初的台北電腦展，總是讓世貿周遭車水馬龍，各大飯店的會議空間與高級套房全都搶訂一空，米其林餐廳與夜店都是老外搶著買單！

　　過去台北電腦展的真正內涵，一直不是創新，而是訂單！大家參展的目的，就是下訂單與獲得訂單。

　　巨頭如鴻海，或者是在電腦展賣鬧鐘的小廠商，營收獲利的來源都是靠跨國客戶下的訂單，一旦沒有訂單，生產線就要停頓，就要開始放無薪假，上百萬員工的工廠營運就要中止。

　　在疫情之前，業者透過展會獲得訂單的比例就已持續下降，網路的發達，也台灣供應鏈的下單效率也越來越高。特別是蘋果等國際巨頭，一季甚至一整年的訂單，早就跟台廠談得穩妥。

　　關鍵在於，大品牌的採購體系早已線上化，查廠與品管

也都標準化，才能在無國界的高科技生態圈高效競爭。對於台廠來說，不論是大立光的鏡頭，或者是廣達的伺服器，也都出現品牌客戶大者恆大的趨勢，這都讓實體展會開發陌生訂單的重要性不如以往。

在硬體市場「寡頭化」的前提下，其實包括蘋果、三星、聯想、惠普等主要品牌大訂單，早就已經被鴻海、廣達、仁寶等台系大廠分食完畢。老外客戶遠渡重洋來參加台北電腦展，更看重的是吃吃喝喝的社交目的性。

反過來說，台灣的上市上櫃電子公司，在疫情期間，大多賺得盆滿缽滿，沒有因為台北電腦展實體停辦，少了很多新訂單與老客戶。

農場小編可能不知道的是，台北國際電腦展已有將近三十年歷史，也是每年六月國際間最重要的高科技展會，輝達的黃仁勳更不是唯一曾經在台北國際電腦展發光發熱的科技巨擘。

上一個世紀的台北國際電腦展，連微軟共同創辦人比爾蓋茲都曾親自來台共襄盛舉，還曾經覲見李登輝前總統，看得出來台灣當時在「WinTel」生態系中的重要地位；到了這一個世紀，蘋果陣營獨領風騷，雖然台廠仍是蘋果訂單的主要受惠者，但蘋果創辦人賈伯斯在世時沒有來過台北國際電腦展，接棒的執行長庫克也只愛去北京與鄭州，都在三里屯

擁抱果粉，沒有來台引爆風潮。

　　庫克本來就是供應鏈體系出身，深知台灣在半導體與硬體領域，舉足輕重的地位！2022 年他也現身台積電鳳凰城新廠的動土典禮，當場還被美國總統拜登調侃了一番，指稱蘋果只是台積電的「小客戶」。如果台北國際電腦展未來能夠順利邀約庫克來台，讓總統與庫克握手寒暄，相信對於台灣地緣政治與國際地位有更大意義。

　　事實上，早年的台北國際電腦展，國際大咖雲集，話語權不輸給歐美各大展會。不過在軟體與移動互聯網產值攀升的二十年間，聚焦在硬體與關鍵零組件採購的台北國際電腦展，幾度失去光芒，就算仍有訂單商機，但確實跟創新離得很遠，被美國 CES 與西班牙 MWC 甩在後頭。

　　主辦單位外貿協會也深知此一窘境，培育網路新創體系設立 innvoex 展區，加上半導體護國神山近年成為全球焦點，終於讓台北國際電腦展揚眉吐氣了。

　　到了 AI 新時代，加上 VR 與 AR 逐步普及，蘋果也發表了 Vision Pro，如同 Q 版黃仁勳可以在線上唱歌跳舞，甚至還可以演講致詞，O2O 的展會活動將蔚為主流！因為人與人之間還是要見面交流，這也是疫情後的主要商機，但不論線上或線下，「體驗」都是最重要的王道，這也是每年蘋果與 Google 自辦開發者大會與產品發表會的一大能耐了。

43

台灣像京都，而不像東京

　　深秋，烈焰般的楓紅，惹火京都！我曾經多次到日本探訪，但第一次到京都時，正適逢秋天，還是讓我大開眼界。

　　因為這座千年古都，不僅是日本第一的賞楓勝地，祇園玉面藝伎來來往往、鴨川流火明明滅滅、金閣寺榮光輝輝煌煌，一切加總起來，京都，無疑是東瀛最華美的時令色調。迷人的景致下，京都聚積的深厚人文底蘊，更令人驚豔！窄巷百年老店裡，一個小漆碗，就是日本藝匠精神的展現，可以開價超過十萬日圓；一只小瓷盤，背後也代表了對品質無止境的追求，至今仍是日本政府致贈外賓的伴手禮；甚至是一張貼著金箔的皇室壁紙，傳人也到了第十四代，是五百年歲月的結晶。

　　「集團神話、完成品神話、綜合企業神話，統統不是京都式企業的特徵！」京都大學教授末松千尋對我指出，日

本經濟失落三十年造成諸多日本神話瀕臨崩潰，京都式企業卻持續出現高成長動能，顛覆了管理學教材。末松千尋著有《京都式經營策略》一書，是最早關注這群標竿企業的學者，他強調「京都式變革，已經是全日本企業再造的依循方向！」

　　相較於京都式企業，東京式企業如 SONY、日立、東芝、三菱電機、NEC、富士通、松下，個個都是全球知名的大品牌，然而，在一九九一年至二〇〇一年日本陷入泡沫經濟時，小而美的京都式企業，卻以四倍以上的營利率、六倍以上的資產報酬率，把東京式企業遠遠拋在腦後。

　　甚至在當 SONY 頻換執行長、日立與東芝皆大幅裁員的同時，專注研發關鍵零組件，隱身在終端商品幕後的京都式企業，仍然穩穩地握著全球高市占率。

　　「這是日本企業典範的轉移！」《東洋經濟》指出，知名度如同公司的面子，獲利率則是裡子，「東京愛面子，京都重裡子！」

　　這與台灣時髦多年的隱形冠軍思維一致。

　　「縮小化、效率化，是日本人的天性！」資深京都迷、政大科技管理所教授李仁芳在世時對我分析說，京都的創新之道是「小零件的深技術」。

　　京都式企業強化單一技術，不局限於品牌與完成品思

維，更不只顧日本國內客戶，一定要玩全球市場。他們最大的特色，就是「擁有絕對的全球市占率」，做就要做到全世界第一名，不想成爲第一名以外的。包括羅姆與京瓷，都是超過一甲子歷史的公司、任天堂更是有超過兩甲子歷史，這一票歷久彌堅的科技企業，從 A 到 A ＋的歷史，已經博得全世界注目。

台灣的半導體與硬體代工業者們，過去三十年來，也走上了同一條路。台積電的二奈米製程，相當於人體 DNA 的寬度，就是最好的例子。

到了網路世代，軟體銀行與樂天，也都是東京式企業，關西仍守著老牌製造業。

事實上，台灣確實更像京都，而不是東京。小國寡民專注在高科技硬體領域中，軟體與網路產業得不到資源與人才，就只能拱手讓人了。

第五篇

政策篇：賴總統該知道的台灣新科技論述

每四年一次的總統大選，高科技產業的政策論述，其實越來越薄弱。

　　畢竟台灣的硬體產業已經很發達，在疫情後與地緣政治影響下，在全世界的地位更加舉足輕重。2023年經濟部推出的「台版晶片法案」，提供業者的創新研發支出的25%，來抵減當年度應納營利事業所得稅額，並得以購置用於先進製程的全新機器或設備支出的5%，來抵減當年度應納營所稅額，跟各國真金白銀砸錢相比，確實很省力。

　　至於軟體與網路產業，以及新創生態圈，本來就不是台灣的強項。跟超過九百家的上市上櫃硬體業者相比，台灣軟體業者都還是小baby，但因為網路新創與年輕世代選票息息相關，當然是總統候選人們，心中最軟的一塊。

　　「硬強軟弱」，一直是台灣高科技產業的實際現況。股民口中的電子五哥與護國神山，任一家的營收都比台灣整體網路產業的產值多得多。

　　過去二十年的同一時間，我們也聽到軟體正在吃掉全世界，尖牙股（FAANG）主要都是用網路服務黏住你我，擁有數以十億計的用戶。

　　從Web1來說，阿里巴巴創辦人馬雲曾說，台灣趕了個早市，在1990年代可以說是全球的發展重鎮之一，比大陸發展得快，PTT就是當時的產物。延續到今日，台灣流量最

大的前一百大網站，仍有五成以上是台灣本土網站，內容農場也都還是台灣自己經營的。

2005 年開始的 Web2，乃至於智慧型手機接連創造的 Mobile Internet 時代，台灣市場則被完整殖民了，你我手機最常用的前十大 App，全部都是跨國網路巨頭推出的。

Web2 的 UGC 潮流，不論是 YouTuber 與 KOL，也都是在跨國平台上創作，好處是能夠獲得國際閱聽人的眼球，壞處則是廣告分潤人家說了算，還有內容監管毫無置喙餘地！從 Web1 遞嬗到 Web2 的時間點上，台灣不是沒有機會，無名小站也曾是亞洲最大流量的網站之一，但就是輸在了平台經濟的落後，以及手機 App 上的顛覆式創新。

Web1 的台灣本土首大平台，自然是奇摩站，但在 2001 年被雅虎收購之後，順利融入了全球雅虎的大家庭中。只不過，雅虎發展軟弱無力，也錯失被微軟併購的最佳時機，台灣甚至成為雅虎全球僅次於美國的第二大市場，就知道雅虎有多麼倚賴台灣小地方了。

雅虎也曾採取購併方式來迭代成長，台灣也購併了 B2C 的興奇科技與無名小站，在美國也併購了 Flicker，試著要與 Google 競爭，但仍被時代洪流所拋棄了！雅虎之後陸續轉賣給 Verizon 與私募基金阿波羅全球管理公司（Apollo Global Management），也已經都不是為人關注的重要產業

新聞了。

二十世紀的第三個十年，Web3 時代也正式到來，人工智慧與區塊鏈，正在賦能新世界，雖然元宇宙概念退燒，VR 與 AR 設備尚未普及，但蘋果的 Vision PRO 已經推出，全世界已經有超過五億人持有加密貨幣，雖然過去兩到三年發展顛簸，但是整體產業與行情上沖下洗，但我們確實不能低估未來十年 Web3 的美好願景，例如 OPEN AI 創辦人 Sam Altman 發行的世界幣（World Coin），一推出就有兩百萬人搶先註冊。

因為如果台灣的法規開放，人才與資金充沛，創業環境友善，自然能夠吸引到更多國際新創團隊來台入駐，並且逐漸形成網路產業規模！這就是行政院推出「就業金卡」的初衷，未來如果老外都能夠以台灣為發展基地，跨境去賺別的國家的錢，就能進一步拉抬台灣就業率與 GDP。

事實上，AI 在台灣學界一直擁有很大的研發能量，也培養不少人才，但是學生畢業後卻沒有辦法用 AI 找到工作，只能隱身在半導體或是零組件產業。例如 DeepMind 的黃士傑，則因為台灣沒有太多的 AI 網路標竿企業，只能浪跡海外找頭路。

產學接軌的問題，賴政府必須更加重視，特別是 AI 相關應用領域繁多，未來在跨部會政策投入成果上，肯定要

引領台灣從「工人智慧」走向「人工智慧」！新總統不能
不懂。

44

總統與網路新創的距離

2016 年總統大選後，蔡英文總統尚未正式就職時，滿面春風的她，向數百位年輕創業家當面直說，年輕人不要怕跟政府溝通，如果政府聽不到，就大聲一點，甚至可以拍桌子抗議。

八年時間過去了，想要拍桌子與掀桌子的年輕世代，卻連桌子都找不到了。畢竟高房價與低薪困境無解，還有 2023 年一度炎上的黨內性騷風波，造成民進黨在年輕世代的支持度翻黑。

蔡英文本來就有女性領導人的特質，容易獲得年輕人甚至是 LGBT 族群好感。因此她在 2020 年連任時，在四十歲以下選民，獲得九成以上壓倒性得票率，遠勝國民黨候選人韓國瑜，如今卻成了民進黨的軟肋？賴清德只好在 2024 大選前重新策劃空戰策略，不僅找來魔獸霍華德拍 YouTube

互動，Instagram 美食吃播齊發，還舉辦多場台灣創業投資環境座談會，要跟網路新創團隊打成一片。

賴清德曾經在 2018 年六都與縣市長大選時，吃過「討厭民進黨」的虧，也因此辭去行政院長。他在副總統任內，沒有忽略年輕人這一塊，多場網路新創活動他都蒞臨參與跟親身支持，但可惜的是，都沒有形成政策，在行政與立法部門沒有獲得奧援。

副總統作為備位元首，加上時任蘇貞昌內閣團隊強勢，賴清德當然有心無力。在賴清德上任民進黨主席後，加上陳建仁「溫暖內閣」舊瓶裝了新酒，這才讓執政黨佈好了陣！2024 年二月起，將補貼私立大專院校學費至少 2.5 萬元，加上公私立高中職學費全面免費，看得到政策在選前都動了起來，而沒有執政優勢的藍白陣營酸得很，直言這是針對年輕人的政策買票。

關鍵在於，年輕人一方面對於年功序列的傳統產業沒有好感，一方面則對網路新創有美好憧憬，加上遠距辦公與非典型就業蔚為主流，這都是中央與各地方政府積極經營新創生態的初衷，更要拉近與年輕世代的距離！未來包括人工智慧與區塊鏈等新興科技趨勢，賴總統必須更要加大投入力度，讓台灣成為創新之島。

45

「00 後」首投族的投票意向

2020 年的 5 月 20 日，蔡英文囊括九成年輕選票順利連任，但民進黨在小英完全執政的同時，一連串的政策危機與弊案，也一度成了新世代眼中的舊勢力，遠離了改革理想！

沒有政黨意識的年輕人，甚至可以主要聚焦在 20 至 24 歲，2024 年總計超過 102 萬人的首投族，則成了總統大選各陣營的兵家必爭之地。

「00 後」的首投族，智慧型手機伴隨著他們長大，從小沒有看報紙與雜誌的習慣，YouTube 與 IG 更遠比電視的影響力更深遠，網紅與 KOL 則是他們的主要信仰。

政治常識是，政黨是「品牌」，候選人是「產品」，不論新舊品牌，只要能夠把產品賣給消費者，就是好品牌。消費者也就是選民，他們在心裡進行投票給候選人的決策時，肯定也會受到品牌影響，但只認品牌不認產品已經成為過去

式，「選人不選黨」就是這個道理。如今來看，國民黨的品牌老化，確實很難吸引年輕人；民進黨當政多年，好事壞事都要承擔，品牌力也持續受到扼殺；至於新生的民眾黨，則要在柯文哲母雞之外，能夠辦事牢靠，找到可長可久的品牌之路。

以 2022 年新竹市長選舉來說，就算執政黨傾全黨之力「打高」，但從結果論來看，藍綠「品牌」早已不是重點，候選人作爲「產品」，是不是能夠迎合年輕人的青睞，才是勝選關鍵。39 歲的新竹市長高虹安囊括四成五選票勝選，前時代力量黨主席高鈺婷在 35 歲時，於 2020 年新竹市立委選舉獲得超過七萬票支持，都顯示在地勢力與政黨板塊，都在新型態選區持續顛覆中。

執政黨確實一度忘了年輕人，但小英時代本來就是靠年輕人起家的！在「後小英時代」，賴清德必須重新尋求年輕人的支持，行政院則該推出更多年輕人有感的牛肉政策，要不然年輕人都是憑「感覺」投票，作風差一點就差很多，這也是民眾黨能夠囊括大把年輕選票的關鍵原因。特別是在新竹與桃園，這些移入人口多的年輕城市，柯文哲的得票率明顯更佔優勢。

藍綠白對於青年議題都必須長期重視，因爲忽視的結果，就是選舉失利，確實不能放手。民眾黨與時代力量本來

就是憑青年路線起家，誰做得好或誰做得不好，年輕人心中自有定論；至於總是習慣於同溫層的藍綠兩大黨，一旦徹頭徹尾忘記改革初衷時，就會流失年輕人支持率了。

蔡英文當年擺在年輕人前面的桌子，要讓年輕人有拍桌甚至翻桌的機會，但年輕人最終在 2022 年選擇以不投票進行無聲抗議。

年輕人也當然知道，2024 大選決定了台灣社會，未來五到十年的發展走向，跟他們的生活與職涯密切相關。未來在賴清德與蕭美琴主政下，不論是薪資與房價問題，新經濟與舊經濟的遞嬗，都對年輕世代的生命，有著關鍵影響。

網路新創等於年輕選票？

　　蔡英文八年執政結束了，年輕人關心的低薪問題與居住正義，似乎有解卻實質無解，造成他們只能選擇「躺平」！全台灣十年房價漲幅高達五成，不是任何政黨與政治人物能夠改變的多頭行情，各縣市社會住宅總量也從未達標。

　　至於台灣經濟明顯向半導體與高科技硬體產業傾斜，GDP 成長無法雨露均霑，都造成 2022 年底的九合一大選，民進黨的年輕世代選票明顯出走。

　　年輕人關注的新創環境，以及 Web3 與元宇宙等新興產業，則是需要跨部會與中央地方攜手，才能聚焦發展。當新加坡與亞洲各國都在十倍速發展時，我們可不是一句「好想贏韓國」，台灣就能夠順利彎道超車的，這都確實需要中央部會挹注資源。

　　回顧 2016 年，我到了中南部某縣市參加青年創業比

賽，來自四面八方的二十多組隊伍，有在校生團隊、有三五好友利用下班時間動手協作，也有已經正式成立的新創公司。

結果令人訝異。越不成熟的產品與商業模式，竟然名次越好！好幾組刻意穿著西裝的學生團隊，在舞台上興高采烈的抱著獎盃合影。

他們臉上的稚氣，加上政府產發局官員評審的神氣，讓我不禁想起來：這不就是學校中的科展評選嗎？

台灣人在瑞士日內瓦、德國紐倫堡、美國匹茲堡等發明大展屢屢抱得金獎而歸，得獎比例總是屢創新高，甚至比起日、韓都來得風光。他們得獎後也成功申請專利，政府更一再宣揚：這是台灣發展知識經濟的顯著成果。

不過，發明人、乃至於新創圈常陷入的思考窠臼是：取得專利真的很難嗎？

一個世界有名的專利例子是，在 1908 年，美國人巴瑞德（J. Barad）與馬寇夫（E. E. Markoff）想到一個抓老鼠的絕妙點子。他們把一個鈴鐺掛在餌上，當老鼠吃了餌，脖子上也纏了一個鈴鐺。巴瑞德與馬寇夫希望，這個鈴鐺，不只是簡單又便宜的老鼠追蹤器，當這隻犯錯老鼠帶著刺耳鈴聲回到巢穴時，會引起其他老鼠的嫌惡，迫使整批老鼠搬家。

這個抓老鼠例子，雖然正式取得美國第 883611 號專

利，但從來沒有商品化成功。同樣是有關抓老鼠的專利，在台灣，也核准了數十件，絕大部分在市面上都看不到。

諾貝爾經濟學獎得主傅利曼（Milton Friedman），早在1982 年就對創新提出一個簡潔有力的定義：Innovation（創新）＝ Invention（發明）＋ Commercialization（商品化）。

發明工作有趣、取得專利也不難，但在取得專利證書的那一刻起，真正的挑戰才開始：從商品設計開模、備料、生產、量產、品質測試確認，到庫存管理、行銷管理、帳款收回、資金調度、客服維修，每一個細項，都是進入後半段創新，必須面對的重要環節。

台灣各級政府，現在都大力鼓勵青年創業，積極透過青創基地、創業比賽來拉攏年輕人！只不過，在「科展化」的創業生態中，青澀的創業者與年輕人，用大量稅金與社會成本，真找到了對的方向？

47

數位發展部該做什麼？不做什麼？

西元 2000 年，剛出道的我帶著第一張記者名片，走進政大旁的一棟老公寓，在唐家進行專訪。專訪主角是唐宗漢，也就是首任數位發展部長唐鳳，她那時候還是男生。

那時候也正是全球網路泡沫的節骨眼上，唐宗漢與他的安那其小夥伴們，領著我浸入虛擬世界。對於一個初出茅盧的菜鳥記者來說，他們口中摸不著邊際的專業詞彙，好比是火星上的對話。

這麼多年過去了。直到 2016 年，在電視上看到她的臉龐，襯著「政務委員」四個大字，還有臉書上洗版的消息，各界褒揚聲浪中，藏著對唐鳳的窺視與獵奇。

唐政委成了一個隱喻。網路圈與新創圈，對她既熟悉又陌生，而任命唐鳳的前行政院長林全，顯然很懂媒體容易失焦的鏡頭，讓 35 歲就退休的她，在當年的「老藍男」內閣

中，成了絕對的異數。

因為當國防部長等內閣成員招架不住，且蔡英文初任總統開局民調下降的同時，唐鳳的出線顯然是高招。

因為就算是有明確政策在前，但要調度資源、找人管事、官民溝通、督促進度、創造績效，這些都不是易事，何況是曾經懷抱安那其理想的唐鳳，是不是只在神壇上讓記者瞻仰的政委，確實是很大的懸念。

懸念？因為唐鳳沒有驗證過的政治手腕，也沒有藍綠通吃的人脈關係，更沒有真正的中央與地方施政經驗。台灣社會剛看到台北市長柯文哲素人從政，唐鳳雖然受到各國關注，但仕途肯定也不容易。

柯 P 的手術刀，好比唐鳳寫出的開源程式，都是他們原本就拿手的 T 型專業，但當 Doctor 單挑市政五大案，跟 Geek 將來挑戰多面向龐雜政策，肯定都不是原本習慣的人生角色扮演。

以 Uber 爭議來說，不僅要搞懂陳年交通法規，更要滿足計程車大批選民的期待，以及既得利益者的共犯結構，並且要理解移動互聯網時代，共享經濟用戶的思維與行為。

公僕、大官、領導、巨塔⋯⋯這些與去中心化的虛擬世界，正好成了極大反差。曾經是反體制的孩子，唐鳳當然懂得系統的沉痾，但要把手弄髒開始挖泥，這顯然是要有把自

己浸入暗黑沼澤的準備。

唐鳳在政委任內，從口罩地圖到中央部會網站更新，確實成了國際矚目的「天才IT大臣」，甚至在日本紅翻了天，但在2021年英系力挺出任數位發展部長後，也成了在野黨與輿論批評的破口，被陷入抹黑的沼澤。

包括NCC推動《數位中介服務法》草案喊卡，還有數位發展部正式掛牌後的大額預算，都讓數位議題一直輿論風口浪尖上。最怕的就是，成立一個新機關，不但沒有解決一個舊問題，自己還成為一個新問題。

唐鳳已經定義，數位發展部只負責「發展」，不負責「監管」，是「教練」，而不是「裁判」，但她要如何培育更多本土球員，能夠走上打擊區，跟世界強投臉書等巨頭對決？你我手上螢幕滿滿都是「非台灣製造」App，叫餐外送要靠富胖達與吳柏毅，導航路況要看Google Map，這些都是台灣在手機上被殖民的現況。

至於《時代》雜誌在2023年，遴選唐鳳成為「全球AI百大影響力人物」，並且分析唐鳳身為台灣數位發展部的首任部長，任務非常艱鉅。《時代》為文認為，由「公民駭客」轉型為政府官員，她不僅要努力確保台灣的「數位韌性」（digital resilience），還要處理AI對台灣民主社會帶來的風險和機遇，並且探索如何利用AI來強化民主。

我自己已經忘了 2000 年的那篇稿子，最終是怎麼寫完的，但是唐鳳這一位高智商神人，仍是我記者早期生涯最難忘的採訪人物之一。

48

數據隱私的資安大哉問

　　2021 年，全台上百名政要手機遭駭，好萊塢電影中竊取國家機密的驚悚劇情，竟然真實在台灣上演！因爲 LINE 的不設防與大漏洞，「飛馬」等各種間諜軟體，得以在博愛特區開大門走大路。

　　卸載 LINE，對於 1800 萬名台灣活躍用戶來說，當然是不可能的任務。國安單位也在第一時間表明，蔡英文與賴清德的手機，沒有受到資安威脅。中央高層早就不使用 LINE 傳遞檔案，一件事情則是同時使用多種即時通訊 App 溝通，要讓駭客湊不到答案。

　　諷刺的是，當大陸政府嚴管滴滴等網路巨頭赴美上市，只要超過 100 萬用戶就會開鍘，以免洩漏大陸用戶寶貴數據，而台灣一般用戶在手機上每分每秒生成的數據與隱私，不僅政府不想管，如今連高官手機與國家機密，也都管不

了。

　　更直白的說，政府根本管不著！LINE是從日韓來的，臉書與 Google 是美國霸權，雖然微信早已被貼上開後門標籤，但是當 TikTok 與小紅書在深受年輕世代喜愛，還有台灣多數手機遊戲都是大陸製造時，台灣社會對於境外平台可能造成的資安風險，卻是無力且無感。

　　政府不是無法可管，過去也有一定程度監管的前例。行政院資通安全處曾依據《資通安全管理法》，要求各政府機構系統中，不應使用有安全疑慮的產品，教育部即跟進要求各級學校，禁止使用 Zoom 進行線上教學或開會。

　　Zoom 創辦人袁征，是山東泰安人，移民美國就業前，曾經連續八次申請赴美簽證被拒，如今大陸學生都拿不到學生簽證了，他應該慶幸早生了 20 年，更趁著疫情契機，創造了遠距視訊平台的龐大商機。

　　這龐大商機，台灣業者自己做不了，自然就被網路列強賺走了。像是公部門與教育部門不採用 Zoom，但是民間企業仍然非常愛用。

　　至於跨國網路巨頭與陸資手機遊戲，在台多辦採取代理模式營運，連分公司都沒有申設，如果有更大規模的資安危機或違法情事，政府同樣會陷入「管不到」的窘境。畢竟 2015 年的 Uber 爭議後，包括 Airbnb 等新興網路平台，都

不敢來台灣申設公司實體了，全都採取跨國金流收付模式，消費者連發票都收不到，國稅局也找不著他們。

　　跨國網路巨頭們，眼見 Uber 台灣分公司被開了數億元台幣罰單，而政府援引的竟是陳舊未修的公路法，都大笑是「明朝的劍斬了清朝的官」！台灣在網路經濟的發展滯後，又有上百名政要的手機遭駭，就真的讓你我笑不出來了。

假訊息究竟是誰的錯？

《Tinder 大騙徒》與《創造安娜》，這兩齣由真實故事改編的 Netflix 紀錄片與影集，2022 年在台灣有大批影迷觀賞追捧，但影迷們可能沒有深入關注的是，兩齣作品的核心價值是，歐美新聞工作者，對調查報導與追蹤騙局內幕始終不懈。

《Tinder 大騙徒》描述，搭著私人飛機的愛情詐騙男賽門，用 Tinder 結識歐洲各國女友後，軟土深掘從她們身上騙得大筆金錢！其中一名受騙女子賽西向挪威《世道報》投訴後，才正式爆出這起愛情龐氏騙局。

《創造安娜》則改編自美國記者普斯勒，在《紐約》雜誌上發表的《安娜德維爾如何騙過紐約派對人士》。影集中以記者第一人稱視角，一再突破採訪安娜周遭各個關係人，一方面掀開上流社會的虛假人情，一方面也深挖資本主義金

錢帝國的真實漏洞。

有趣的是，賽門與安娜，都非常善於透過 IG 等社群平台，分享豪奢飲宴生活，創造自身多金形象！更厲害的是，他們能夠順利把朋友圈「變現」，線上線下施展他們的浮誇騙術，大氣都不喘一下。

「新聞已死」是社群平台當紅之後的日常，畢竟以臉書為首，整盤端走了廣告預算。吃不飽又穿不暖的新聞從業人員，為什麼仍能撰寫出有影響力的報導，甚至改編成全球夯片？

畢竟台灣閱聽人也不再需要媒體守望，記者成了「最不信任」的職業，大家都對網紅與 YouTuber 深信不疑！媒體成了帶風向的鷹犬，新聞主播成為進入演藝圈的跳板，「小時不讀書，長大當記者」更是鄉民共識。

但台灣仍有典範。舉例來說，《報導者》深入調查中州科大，在非洲徵召烏干達留學生抵台淪為學工，教育部已跟進裁罰該校自 111 學年度起停止全部班級招生，學校真的被「寫倒」。

諷刺的是，多數大學生與年輕世代，仰賴網路平台接收多元資訊，但中州科大停招的新聞，會在臉書、IG、抖音、小紅書、YouTube 出現嗎？台灣少了一間大專院校的新聞，會出現在他們的同溫層嗎？

當社群平台打壓新聞資訊權重，還縱容不實訊息持續氾濫，導致網上到處都是賽門與安娜，用華而不實的濾鏡照片與虛妄言論，每分每秒不斷迷惑著你我與下一代時，我們才發現，各國政府對臉書的嚴格監管，真的太遲了。

　　根據台灣事實查核教育基金會在 2024 年大選前的調查，台灣民眾在過去一年中收過假訊息的比例高達 74.5％，更有高達 93％民眾認為假訊息對社會影響「嚴重」以及「非常嚴重」！即使有可能會侵害言論自由，多數民眾認為政府、科技公司應該限制假訊息。

　　在數位平台無法以高標準自清的前提下，誰來為台灣閱聽大眾「守門」？Meta 公司在《劍橋分析》事件後，答應美國政府委外聘請數萬名事實查核人員，但僅以英文內容為主，中文世界與龐大的外語社群，仍是無政府狀態。

　　網路巨頭們在台灣長年扶持事實查核機構，但實際的守門人力投入與假訊息查核數量，只是杯水車薪！根據台灣事實查核教育基金會調查，台灣民眾收過假訊息的比例仍高達74.5％，更有高達 93％民眾認為假訊息對社會影響「嚴重」以及「非常嚴重」。

　　反過來說，立意良善的事實查核組織們，是否成為網路巨頭們「卸責」的最佳替身？

　　正好是二十年前，天下雜誌推出「弱智媒體」的封面

故事，將二十四小時輪播的電視新聞罵得一文不值，引發社會震撼與反思。現在主流媒體卻無法同樣寫出一篇「弱智社群」，反倒還要持續擁抱流量來源的各大平台。

　　媒體們自己無法拿出勇氣站出來，表明社群平台才是假訊息的產地，賽門與安娜仍會在 IG 上被造神，網路巨頭才須要「自律」時，媒體就只能背鍋，被民眾認為要對網路謠言負責了。

50

詐騙廣告到底誰管得了？

台灣電商普及率與滲透率皆高，本土老牌的 momo 與 PChome，加上外來的蝦皮與酷澎，但竟然還是有大批民眾在臉書上的「Marketplace」購物？

因為 Marketplace 毫無審核機制，以假亂真與品質不符的商品百百款，賣家收錢後甚至不發貨，導致買家毫無購物保障。臉書電商惡名昭彰，早已傷及品牌形象與網購口碑。就連蝦皮都越來越懂得保障買家權益，以及更強調在地化經營，但臉書 Marketplace 仍然無動於衷。

你我臉書帳戶莫名其妙「被祖」停權、動態消息滿滿都是一頁式詐騙廣告、臉書社團遍佈的柬埔寨與緬甸工作陷阱，台灣政府對這些大平台們，確實長期無法可管。

泰國數位經濟暨社會部（Ministry of Digital Economy and Society, MDES）在 2023 年 8 月指出，已有超過 20 萬人

被臉書廣告欺騙，而這些廣告涉及加密貨幣詐騙、投資虛假企業和虛假政府機構。MDES 認為 Meta 未能篩選廣告商，積極要求 Meta 公司採取相關措施，否則會要求泰國法院關閉該國 Meta 相關服務。

在台灣，從金管會主委黃天牧到張忠謀夫人張淑芬，全都成為詐騙廣告的「最佳代言人」，看得出來，詐騙集團已經是無法無天了。泰國的詐騙份子常用的策略，包括聲稱將於短時間內獲得五成高回報、保證獲得每週三成的回報、使用知名人物與金融界領袖的照片，也確實跟台灣如出一轍。

台灣每個月數千件的詐騙廣告，金管會也分析有四大類型，包括冒名金融機構或名人、拉入 LINE 群組勸誘買賣飆股、金融商品交易平台詐騙、虛擬通貨交易平台。例如「台股第一手實戰分析」、「ＸＸ老師股友社」、「美股養套殺策略解密」、「股市高勝率心法、進群 LINE 免費，快點把握佈局時機」這些比假還要更假的廣告，你一定在臉書上滑到過，觸及率遠比正經新聞來得高。

金管會則指出，在與 Meta 與 Google 開會時，兩家都溝通順暢也願意配合下架詐騙廣告，但因為各自有內部審核機制與流程，以 Google 來說原先通報時要填諸多表單，後來改為檢舉制後也還要查證後才能下架，流程確實較為冗長。

金管會在 2023 年五月，也已經通過「證券投資信託及

顧問法」第 70 條之 1 修正草案，要求網路平台必須落實投資廣告實名制，例如揭露刊登者或出資者資訊，並且落實事前審查與事後下架等職責。如果網路平台沒有好好把關，導致出現網路投資詐騙廣告受害者，受害者之後在求償時，網路平台業者將負連帶損害賠償責任。

反過來說，在此一修正草案之前，網路平台不需負連帶損害賠償責任，過去台灣人被詐騙的錢，平台都不需要負任何責任，只能說是亡羊補牢了。

51

沒有法源！立法院的怠惰

　　歐盟在 2023 年指定了符合《數位市場法》（Digital Markets Ac, DMA）規範的 6 大跨國網路巨頭，以及他們旗下的 22 項核心平臺服務必須遵循法令。

　　六大巨頭分別是 Google 母公司 Alphabet、Amazon、蘋果、Meta、微軟與字節跳動。DMA 法規已經明確將這六大巨頭稱為守門人（Gatekeeper），並且要求這些守門人履行更多的責任與義務，以避免扼殺歐洲各國新創企業的發展，更規定巨頭們不得使用不公平的競爭手段。

　　DMA 的禁止事項百百種，包括不能以算法獨厚自家服務或產品，也不能阻止使用者卸載包括內建程式在內的任何程式！違反 DMA 的巨頭，最多可被罰以全球營收的一成，多次違反則會提高到兩成。

　　前行政院政務委員、理慈國際科技法律事務所共同創辦

人蔡玉玲曾經對我說到，台灣需要「小政府思維」，現在的時代不太可能去期盼「大而有為」的政府，這種政府是趕不上數位經濟發展的。

確實，不論是 Uber 爭議或是 FTX 暴雷倒閉，還有更多新科技遭遇老法規的兩難，我們都看到，大有為政府一方面要把「所有人抓起來」，一方面又推說「行政體系依法行事」，都凸顯了台灣社會與既得利益者，面對創新的遲疑與反抗。

這不分藍或綠執政，大有為政府思維，就是深植在當權者心中，誰上台都一樣。

PChome Online 董事長詹宏志曾經說，Uber 爭議是「兩種文化的傲慢相遇」，台灣政府是家長式的管理文化，Uber 則是是創新者的傲慢！在他口中，中美兩國促成創新產業最重要的一環是「行政部門不輕易動手」，也就是政府選擇「wait and see」，只要新創產業對社會沒有明顯威脅，行政部門都是「袖手旁觀」。

舉例來說，投資美股與港股的網路券商，如 Firstrade、Scottrade、E*TRADE，標榜低廉手續費與重視使用者體驗，早就在台灣的投資社群中有不少用戶，但只要他們沒有落地向金管會正式獲得券商執照，就是違反證交法的「地下券商」。

同樣是地下券商，1990 年代寶島盛行的丙種券商，與 2017 年全球盛行的網路券商，完全是兩個概念，但從主管機關看來，可能是一模一樣的違法者。

　　從網路券商到加密貨幣監管，通通都是用三四十年前的老法條，來管二十一世紀的新創業者，這當然是立法院的怠惰。

　　2023 年 9 月開始，金管會開始納管中心化交易所，但對於 DeFi 等虛擬資產管理平台，同樣限於無法可管的狀況。沒有專法，甚至也沒有修正條文，主管機關確實難以好好辦事，很多狀況只能援引民國二十年公布的銀行法了。

　　立法院需要立法，來讓各部會能夠實行「監管」，包括人工智慧基本法等法源依據，就非常重要！要不然包青天沒有龍頭鍘與狗頭鍘，政府鐵腕真的無力。

　　當所有的產業與領域互聯網化的同時，隨時都會被台灣老化與僵化的法條狙擊！當大陸與美國「互聯網＋」暢行的同時，台灣政府卻越來越「反互聯網」，最終導致台灣人的數位領土被殖民了。

52

誰還記得酷碰券？

————————

　　2020 年疫情當下，政府發行酷碰券結合電子支付，人潮聚集地點警示嵌入 1968 App，透過基地台訊號獲知用戶即時位置發送防疫簡訊，用科技來對抗疫情與振興景氣，本來都是美事，爲何會被罵翻？

　　結論是因爲台灣在 4G 時代的移動互聯網產業大幅落後，2300 萬人在手機上都被「殖民」，如今導致了苦果與輿論爭議。

　　如果我們有本土的臉書與 LINE，國產的 YouTube 與 Google Map，台版的支付寶與 PayPal，自家新創的 Zoom 與 Skype，台灣人的數據資產都累積在自己的手上，是不是能夠更有效率地對抗疫情？

　　以「1968」來說，當年下載量僅 315 萬次，是透過高公局的國道即時監控，來爲用戶提供高速公路車流訊息，用戶

使用規模與頻率自然有限。因爲 Google Map 是安卓系統內建，更是 iOS 用戶最愛之一（Apple 地圖眞的很少人用），透過台灣千萬行人與司機用戶的即時 GPS 數據的「貢獻」，不僅全台各鄉鎮市區路段鉅細靡遺，甚至連偏遠的產業道路路況都能即時通知。

不過，歐美科技巨頭每分每秒用我們回報的地理位置盈利，還強迫用戶滑到不一定想看到的廣告，大家還一直覺得好貼心？這又何嘗不是侵犯隱私與數據濫用？

諾貝爾和平獎得主 Shirin Ebadi 與無國界記者組織即指控，在各種監控機制下，個人資訊變得容易取得，Google、Facebook、Apple、Twitter，Microsoft、Amazon 如今坐擁相當於國家議會和法院的權力，「演算法會根據平台的利益對內容進行分級，甚至在無意間偏好贊助的內容。」

然而，我們對巨頭的好感，遠遠超過了信任度時常偏低的政府。你我在疫情期間，被電信業者基地台定位即時位置，細胞發送「國家級警報」，大家查知到個人數據隱私被老大哥「掌控」，電信業者未來又會不會銷毀這些數據？預計疫情告一段落後，仍會是輿論關注的焦點話題。

數據就是石油。沒有長期累積有價值的數據，人工智慧與演算法也無用武之地，當台灣人一直源源不絕的向歐美「出口」優質數據的同時，更扼殺了本土的新世代產業。

政府開發的 App，如 1968 與 Ubike，或者是電信業者與民間業者的 App，也絕少納入數據概念，畢竟多想一點與多做一點，就會有侵犯個人資料保護法的可能性，所以大家就通通棄守了。反倒這些巨頭多數是境外公司，台灣政府管都管不著，而落落長的使用者條款，也都是站在盈利立場來制定。

　　台灣龐大用戶也都沒思索到的是：免費的其實最貴！

53

FDI 仍是最重要指標

————————

　　2017 年，臉書在台灣曾經推出「Made by Taiwan」計畫，希望協助台灣品牌與產品行銷全球，看得出來經濟部與貿協，花了很大力氣，讓臉書在台灣更接地氣。在此之前，臉書在台灣推出「FB Start」計畫，讓新創公司能夠免費接上臉書的雲端工具資源，連唐鳳都特地錄影宣布此一政績。

　　台灣有 2000 萬重度用戶，是 Meta 公司全球的重要市場之一，每年廣告額達兩百億台幣！只不過，Meta 公司跟台灣的連結性，一直以來少之又少，臉書如今在台灣沒有設研發或產品中心，也沒有創造相應的就業規模，可以說是台灣軟體與網路產業 FDI（外人直接投資）全球總是倒車尾的例證。

　　以臉書來說，只有「計畫」落地，從未宣布在台實際投資金額，又像是 Airbnb 等行動網路時代列強，連分公司都

不設立了，都是台灣拼經濟的嚴峻挑戰。

畢竟，在 Uber 被行政院各部會，輪流出拳圍毆後，台灣在 Web2 時代確實鬧了不少國際笑話，美國紐約時報專欄作家佛里曼直言，「台灣並未進入行動世界，整整錯過科技變動一大輪！」真的只是結論而已。

2017 年的高通反壟斷案，不僅再次凸顯各部會腳步凌亂，也不利 FDI 自谷底反彈。當年公平會宣判 234 億天價罰鍰後，經濟部立刻拍桌直言，「此裁決處分可能將影響外商未來在台投資」。

外商從台灣撤退，已經不是新聞。以金融業為例，巴克萊銀行與巴黎證券都已結束台灣業務，花旗銀行也售出在台消費性金融業務，曾任金管會主委的曾銘宗明言，如果金管會再不協助，「外商有一天會全撤！」

台灣不利外商投資的政策與大環境，早就是國際公開的事實，尤其到了行動時代，只要能夠在 AppStore 與 GooglePlay 等平台上，透過信用卡金流賺到台灣的錢，列強們其實也根本不需要在台設立分公司，員工由亞太區總部雇用，還不用繳稅！畢竟像 Uber 這樣「被管理」，甚至還一度遭投審會要求撤資的例子，在全世界都少見。

第六篇

實用篇：怎麼追上黃金十年投資契機

看到好萊塢帥哥影星艾希頓庫奇，天使投資早期新創公司的哲學，真是讓我欽佩。

　　7 年獲利 70 億！艾希頓庫奇除了大手筆投資 Uber 外，包括 Airbnb、Spotify 都是他的投資標的！至於投入 Skype 的處女作，更讓他在兩年內順利出場，大賺三倍。

　　相較於股神巴菲特的價值投資術，投資組合以可口可樂、富國銀行、美國運通等老牌企業為主，庫奇的投資策略，就是一個「酷」字！畢竟這些新型態產品與商業模式，全都正在顛覆傳統產業，作為年輕世代的衝撞者，39 歲的庫奇，顯然是站在新經濟價值這一邊。

　　當然，巴菲特以上市公司為標的，庫奇主投新創企業，在策略上本來就大相逕庭。只是看到巴菲特最近在波克夏股東會上親口承認說，後悔沒在 12 年前就投資 Google，還是看得出來網路世界給股神的震撼教育。

　　就連 NBA 勇士隊的明星球員們，包括柯瑞（Stephen Curry）、杜蘭特（Kevin Durant），也都因舊金山灣區地利之便，投資了矽谷多家網路公司時，看得出來天使投資，真的是全民運動了！投資組合最廣的勇士前鋒伊古達拉（Andre Iguodala），甚至已經是 15 家公司的天使投資人。

　　但在台灣，包括創投與金主，集團與大戶，全都不願意投資摸不到的「內容」產業！包括價值水漲船高的音樂

平台，或者是吸金如流水的直播平台，他們全都「看不上眼」。

反倒是快取寶能夠吸金 140 億，每個月只用 700 萬的便宜租金，在捷運站放幾個鐵櫃，就能有這麼多土豪不眨眼地，爽快用大把資金挹注。

如果這 140 億，能夠投入台灣的網路產業，從直播到短視頻，更多新創團隊能夠得到資金活水，與列強抗衡的話，台灣本土的 Web2 產業發展，就不會如此落後！快取寶與 imB 的投資人們，如今也不用組成自救會，向檢察官與法官哭訴。

當然，台灣投資人都愛「眼見為憑」，年利率比定存高就願意投入，不願意投資摸不著邊的產品與商業模式，這也不是一日之寒。

韭菜們被樂陞經營團隊坑殺，還有 imB 與快取寶等大案，說到底是台灣投資人太熱情又太投機，才會一窩蜂的被不肖經營者 A 錢。

台灣民間游資旺盛，買房買股是始終是投資主流，如果其中能有五分之一或十分之一，能夠投入網路產業當中，相信對於年輕世代的培育，以及網路產業的急起直追，創造最直接的動力。

展望未來，我們要問，經歷 Web1 與 Web2 的慘淡時

光，台灣軟體與網路產業，真能迎來黃金十年？

回顧 Web1 時代，趨勢科技的防毒軟體，以及訊連科技的影像剪輯軟體，加上遊戲自製與代理公司，成了上市上櫃的掛牌主力。當然，前文提到台灣前百大網站中，仍有五成是本土業者，但扣掉新聞類網站，還有內容農場與討論區後，在商業模式與產值仍然可憐。

Web2 則更為黯淡。前文提到台灣人愛用的前二十大 App，幾乎都不是「Made in Taiwan」，當用戶時長與廣告大餅都轉移都手機終端時，台灣業者只能吃到芝麻。

在 Web2 的第四節終局，包括 91App、Appier、Gogolook、Gogoro 陸續掛牌，終於讓台灣網路新創出了一口氣，加上 Web3 的區塊鏈產業仍有一定底氣，像是 Cybavo 被發行 USDC 穩定幣的美國巨頭 Circle 購併，確實開啟黃金十年的好兆頭。

養出一群十億美元市值的獨角獸，當然是台灣政府與業界共同目標，國發會每年遴選「NEXT BIG」，扶持新創國家隊站上世界舞台。蔡英文也在 2016 上任之初，就推動亞洲矽谷成為「5+2」重點政策之一，串連了不少國際新創資源。直到 2021 年數位發展部成立，確實做了不少事。

在黃金十年論述中，期望有 20-30 家業者掛牌，這是中期目標。加上金管會推動戰略新板與新創板，放寬承銷商輔

導期間、調整申請時之掛牌條件、減少掛牌後之轉板年限、縮短承銷商保薦期間、放寬合格投資人資格,都放寬了過去恨天高的掛牌資質。

從晶圓製造的護國神山,到網路新創的護國群山,就待時間來驗證了。

54

過去二十年為何掛牌不易？

2018 年，某周刊褒揚 M17 在美上市，將麻吉大哥黃立成封爲「快時代創業家」的封面故事，放在書店雜誌架上之後，立刻風雲變色。

確實很快！興高采烈敲完鐘後，隔兩天就宣布下市，M17 成了紐交所百年歷史上，從未發生過的拍案驚奇。就跟財經雜誌總是事後諸葛一樣，各種批判與質疑的言論，立刻在台灣創業圈與網路圈中，熱烈討論開來。

同一年，我們把鏡頭轉向港交所，同樣興高采烈的，是小米科技創辦人雷軍。作爲中國最受矚目的獨角獸，小米以 700 億美元估值掛牌，這比鴻海當年的 500 億美金市值還要高出一截。

小米準備 IPO 的新聞，同樣在大陸很受關注！只不過，大家最少討論的，是小米成立前八年，沒有一年賺過錢，

2017 年虧損達 2043 億台幣，仍然通過港交所審核放行掛牌。按照台灣人的投資眼光與邏輯，這種長期累虧公司，怎麼可能上市？

確實，當台灣人斤斤計較一家公司的資本額時，誰會想到新創公司的估值更重要？當台灣資本市場對新創公司不友善時，我們如何能夠養出更多的獨角獸，並且冀望他們之後在台灣掛牌，成為台股新活水呢？

以重新回到台股掛牌的 KKBOX 來說，如今雖然是台灣人最愛用的音樂 App 之一，也是台灣年輕團隊含辛茹苦打造的，但從股權結構上來說，其實已經跟台積電一樣，順利吸引諸多海外投資人投資！母公司 KK Company 主要股東是日本的 KDDI 與新加坡主權基金 GIC，而在十多年前，KKBOX 的早期募資階段，少有眼光雪亮的本土投資機構願意投入。

至於 Appier 與 Gogoro 順利在海外上市，91App 與 Gogolook 在台股掛牌，終於揮別了過去二十年的新創公司掛牌艱困階段，金管會力推的創新板與戰略新板，肯定希望不要變成蚊子板。

因為新創公司就是因為需要資金，才要掛牌上市，伸手要錢本來就是天經地義。只要港交所的投資人願意，小米股價自然能衝上雲霄，更不用說，為了爭取小米掛牌，向來保

守的港交所，當年還特地通過《新興及創新產業公司上市制度》，「同股不同權」制度正式上路，以彌補先前錯過阿里巴巴的遺憾。

當年 M17 上市與商店街下櫃，讓黃立成與 PChome 集團創辦人詹宏志，被諷為「資本發育不良病例」。的確，他們真的只是「病例」，沒人想到台灣整體資本市場，從投資邏輯到法律條文，從政府政策到價值觀，又病得有多嚴重？

這是台股站上萬點多年，與港股大盤指數黃金交叉，在蔡英文執政時期，股市投資盛世幕後的黑暗面。

不計陸資背景，掛牌前總是不賺錢的小米，絕對不可能通過台灣證交所的評審。不計台灣在 Web2 的失落，M17 也沒辦法在台灣找得到錢，所以一直都是在海外募資。這是所有新創公司的悲哀，只要「定居」在台灣，就要遭遇「Taiwan Discount」（台灣折價）的窘境。

猶記得二十年前，「Taiwan Premium」（台灣溢酬）是各財經雜誌的主旋律！也就是說，台灣比起大陸或東南亞各國，在產業與市場發展上，仍有許多領先的地方，價值比價格高出一截。

可惜的是，本土投資人不但不支持新創公司，反倒像是捲款 140 億的快取寶，還有坑殺超過兩萬名小股東的樂陞，還有 imB 等網路資產管理平台，成為「本土投機人」的最

愛。包括媒體篇幅越大，問題也越大的「封面詛咒」在內，
這不正是台股投資盛世中，最有趣的反諷了嗎？

55

NFT 的暴起暴落

「哥做什麼都要第一，就算挺兄弟也是，但在元宇宙的 art 世界裡，第三我覺得可以了！」這是天王周杰倫在 2022 年 1 月 5 日的 IG 發文，分享 PHANTACi 與 Ezek 平台聯名限量發行的一萬個價值 1000 美元的 NFT（非同質化代幣）小熊頭像，在元旦開賣就被「完全下架」，立馬進帳 2.7 億新台幣。

推出後一周內，周杰倫小熊頭像在二級市場的交易規模，更逼近了無聊猿（BAYC）與法國傳奇電子音樂組合傻瓜龐克（Daft Punk）發行的 CryptoPunks，攀上全球排名前三大，甚至超過小賈斯汀與美國饒舌歌手史努比狗狗等藝人的 NFT 作品產值。

回顧 2021 年下半年，大馬歌手黃明志也出售歌曲「GO NFT」，一夜成交額達 2500 萬台幣，加上歌手畢書盡的

NFT 作品也在 15 分鐘內全數售出，都證明演藝圈的 NFT 交易發行非常火爆。恆業法律事務所金融科技律師林紘宇對我說，在元宇宙世界內，偶像 IP 數位化，等於讓粉絲可以喜歡真人的偶像外，也能支持另一個「數位版」的偶像。

老牌的「師園」鹽酥雞，也成功發行世界第一個鹽酥雞 NFT 作品，一天內價格飛漲 100 倍！霹靂布袋戲推出的「魔吞十二宮」NFT，在半小時內全數售出，大批粉絲瞬間湧入，甚至造成發行平台當機。

霹靂布袋戲母公司霹靂國際多媒體，因為 NFT 與元宇宙題材，曾經在 2021 年的六個禮拜內股價飛漲 150％；長期投入 VR 產業的宏達電，也搭上這班飛速前進的元宇宙列車，當年一個月內股價漲幅將近三倍。

「NFT 最大的突破，就是網路世界的資產確認權，不然 VR、AR 早就出現了，為什麼沒有人在講元宇宙？因為網路世界中，沒有資產確認權，而 NFT 的熱潮來臨，順勢開啟了元宇宙新時代！」NFT 發行平台 Jcard 執行長鄧萬偉強調。

Fansi 共同創辦人陳泰谷預測，NFT 結合功能型代幣 Utility Token 的項目會越來越多，另外 GameFi 機制結合 NFT，遊戲平台與玩家透過 NFT 取得角色證明、資產憑證。

直到 2022 年的元宇宙風潮，連天王林俊傑都花了上千

萬新台幣，購買了 Decentaland 的虛擬土地，加上另一大虛擬世界平台 Sandbox，兩大平台在一年內，總計銷售了超過 4.5 億美元的虛擬土地資產。

你一定會問，這些人花這麼多錢，大批買進虛擬土地資產，卻又不能拿來住，一定是瘋了。這就像是很多人也質疑，無聊猿的一個 NFT 圖檔，還有周杰倫加持「Phanta Bear」的上鏈作品，甚至連周董的實體簽名都沒有，又憑什麼漲到好幾十萬台幣？

摸都摸不到的虛擬資產，就像比特幣一樣，是在眾人質疑中誕生的！但如今全球已有五億人認可加密貨幣的價值，他們都不需要用 Token 表彰實體世界中的資產，唯一仰賴的就是「共識」機制。

狗狗幣可以用來買特斯拉電動車，這是掏出狗狗幣的買家，以及賣家馬斯克的共識。又或者在美國矽谷與薩爾瓦多，賣房子與租房子的房東，願意收比特幣而不願意收美金與法幣！一個願打，另一個願挨，這一筆筆買賣都成了。

上一世代，都要看得到摸得到，才認可實體資產的「價值」，像是股神巴菲特，就一再砲轟加密貨幣必定會泡沫。新一世代，則是看上虛擬資產的飛漲「價格」，毫不在乎是否與實體資產掛鉤。

至於從小眾到大眾，一度順利「出圈」的 NFT，在

2022 年全年擁有 555 億美金交易規模，全世界也有上千個知名品牌大膽發行，是 2021 年 176 億美元的三倍之多，可以看得出來，市場有多火爆！不過到了 2023 年全球 NFT 交易量只有 131.2 億美元，成交量確實腰斬再腰斬，也跟整體加密貨幣市場交易量冷清有直接關連性，加上 Azuki 等老牌項目不斷割韭菜，都造成 NFT 暴起暴落，行情都在低谷徘徊。

另外，在 2022 年最主要的 NFT 交易種類，是頭像圖檔的 PFP（Profile for Picture），例如無聊猿與杰倫熊，都曾經受到全球粉絲追捧，行情一日千里。但隨著 PFP 新舊項目浮濫，收藏價值越來越低的情形下，自然造成 NFT 的一級與二級市場越來越萎縮。

樂觀的分析，全世界已經有上千個品牌發行NFT，例如你我都熟悉的 LEXUS 與 Tiffany 等高端跨國品牌，都已經把 NFT 視作與新一代消費者接觸的行銷工具，也可以拿來當作會員憑證與購買憑證，相信 PFP 的頭像圖檔只是 NFT 正式被世人所接受的第一波應用，未來 NFT 的應用將會更廣泛。

同樣是投機與投資的差別，NFT 已經不再有投機的機會了！以平常心看待暴起暴落的價格，或許才是 NFT 持有人最好的投資心法。

56

STO 虛晃一招

金管會在 2019 年六月底，公佈證券型代幣（STO）監管措施，但針對交易所與項目方，以及投資人三方的嚴格管制，卻讓業界大呼「坐以待斃」。

坐以待斃？因為真是做了會死，不做也死。

第一，籌設 STO 交易所，須申請證券自營商許可證照，並籌措一億資本額與一千萬準備金，但一年只能做一檔 STO 項目。這好比大家都想到港交所上市，但是港交所一年只能掛牌交易一檔明星股票。

就像廣闊的青青草原上，一年只能養一頭馬。就算是很會跑的賽馬，但真可以為草原主人賺回成本嗎？又如果只養一頭馬，只要蓋個小馬廄就可以了吧。

第二，想要發行 STO 的項目方，籌資總額超過三千萬，就必須進入監理沙盒審理。以目前的沙盒進度，已經有

證券型代幣專案審理超過半年時間，千呼萬喚不出來。

「幣圈一天，人間一年」是此一行業特性，比特幣行情當年在三個月內，已經飛漲超過三倍。台灣行政機構的牛步，又要如何吸引全世界的千里馬都來台灣？牛頭眞的很難對上馬嘴。

第三，專業投資人之自然人，要先提供三千萬台幣財力證明，才能買一檔三十萬元台幣的 STO。全世界都看到，金管會的判斷是，殺雞眞的要用牛刀。

三十萬元台幣，還買不到一枚比特幣！獲得執照的 STO 交易所們，要怎麼說服高淨値人群，不去買股票與基金，來買一檔 STO？更不用說，35 歲以下的年輕世代，如今是買幣的主力，他們誰能先跨過「專業投資人」的門檻？

「政府起步過於保守，只是小打小鬧很可惜！」前立法委員許毓仁當時強調，依金管會目前研議的方案，STO 的認購與買賣，僅限於以新台幣匯出、入款方式辦理，導致全球加密貨幣中多數的優秀項目將因此被拒於門外，無異是放棄了海外的龐大資金市場。

「這根本是複製蚊子館！」STARBIT 執行長鄧萬偉認爲，STO 交易所取得自營商執照後，一年卻只能做一檔，這相當於把發行方與經營方全部掐死，大家根本不知道在這個框架下該如何生存。

「一年只做一檔的話，自營商到底要賺什麼？」幣託（BitoEx）交易所執行長鄭光泰分析，經營 STO 交易所除了要考量市場規模、手續費、人員編制之外，政府的「合規成本」更是必要考量。

自從 2019 年公布以來，STO 成為金管會的「蚊子法規」，直到 2023 年底，由國泰證券擔任發行商，發行人為再生能源售電業者「陽光伏特家」的母公司綠點能創，才正式發行「陽光綠益債務型 STO」。發行方案為六年期債務型 STO、年利率為 3.5%，但整體募資額度僅為新台幣 3000萬元，確實做大不易。

這幾年我也接連見了幾位房地產大亨，他們正好都與我聊到，旗下的龐大建築資產，能否發行加密貨幣，好讓更多買不起房的年輕人，也能參與台灣居高不下的房市景氣盛宴，台灣的 STO 有機會大復活嗎？

57

DeFi 之殤

　　金管會在 2023 年八月推出的「金融科技發展路徑圖 2.0」，透過八大面向共計 60 項推動措施，形塑友善的金融科技發展生態系，確實讓人眼睛一亮！只不過，監理沙盒推出四年來只有四件實驗案成功落地，平均一年只有一件，甚至近二年來都無人申請成了蚊子沙盒，看得出來，金管會確實仍與新創業者，有著最遙遠的距離。

　　同樣在這兩年，本土虛擬資產配置平台 Steaker 暴雷，已經以銀行法與詐欺等罪嫌送辦！加上吸金詐騙越來越猖獗，未立案登記的澳豐基金狂賣兩千億，im.B 借貸平台以龐氏騙局詐取 25 億，以及用加密貨幣為幌子的社會新聞一再發生，多是以金融科技為名，行坑殺投資人之實。

　　只要有合法立案，包括金控與銀行等大機構，金管會都管得到，但沒立案的業者，金管會只能兩手一攤，直說無能

為力管不到了。台灣投資大眾數以千億計的龐大資產，就這樣被五鬼搬運，他們還要被酸民嘲笑說，誰叫你太貪心，連上網查核業者是否立案都不會。

舉例來說，近年風行的 CeFi 與 DeFi（去中心化金融）平台，不少也打著固定收益的名目，以 8% 甚至超過 10% 的高利率，讓投資人心甘情願掏出荷包。不過，銀行法中特別規範，非銀行機構從事收受存款等聚集資金行為，且約定給付利息、紅利或報酬，都是明顯違法。

民國二十年就頒布，以前對地下錢莊開鍘的銀行法，現在搖身一變，要用來管理 DeFi 新創，明朝的劍確實能斬清朝的官，這更讓很多 DeFi 業者，根本不敢在台灣註冊公司，只能以境外平台方式，在網上宣傳拉客。金管會也曾經針對 eToro 等境外券商，發佈多條新聞稿，警告投資人不要輕易入金，但鋪天蓋地的臉書與 YouTube 廣告，早就讓史蒂夫和戴夫家喻戶曉，誰會管 eToro 是否在台立案？

不論立不立案，本土 DeFi 業者更要面對被駭的巨大風險。全球最大的穩定幣去中心化平台 Curve Finance，最近就在一天內被駭七千萬美金，借貸平台 Eular 則在二月被駭客偷走兩億美元，2021 年全球 DeFi 平台總計被駭了 22 億美元，2022 年更高達 31 億美元！試問誰會把資產，放在輕而易舉會被捲款偷走的地方？

因為 DeFi 在區塊鏈上的數據與智能合約的程式碼是公開的，這好比是把金庫放在所有駭客眼前，讓全世界的駭客都來嘗試破解大門密碼。相較一家金控銀行就有數百位資安與維運工程師，DeFi 新創就靠幾位技術大牛把協議程式寫好，還在不成熟的公鏈不經審查就開始吸金，整體資安疑慮當然是天壤之別，投資人會相信誰比較不會出包呢？

　　如果用 Google 搜尋，部署 DeFi 智能合約的委外費用，從五千到五萬美元不等，就知道 DeFi 的進入門檻有多低了。至於 DeFi 平台委由資安公司來審核智能合約、監控威脅，甚至請白帽駭客進行攻擊，都只是杯水車薪了。

　　金管會已開始擔任中心化交易所與場外幣商的主管機關，也已明令業者不得非法經營以虛擬資產衍生性金融商品交易業務。因為虛擬資產衍生品價格波動劇烈且商品複雜，在各國法令尚未成熟下，將以期貨交易法來監管非法營運業者，得處七年以下有期徒刑。

　　中央銀行也早已警示，DeFi 平台通常透過露奶網美、社群媒體及線上推廣活動等管道宣傳，但由於資訊不實或廣告不當，投資人並未能充分了解巨大風險。這也難怪，本土 DeFi 平台近期在熊市募不到資，面對境外的資產管理平台如 Amber Group 與 Matrixport 也還不了手，導致台灣新創在

此一領域越來越辛苦，還被主管機關以有色眼光看待，確實
是可惜故事。

只有中心化交易所被管？

2018 年，加密貨幣，或是中央銀行總裁楊金龍口中的「虛擬通貨」，主管機關終於塵埃落定，但經過了五年，才正式開始監管。

2018 年 10 月 4 日，楊金龍在立法院財委會備詢時表示，央行不適合作為虛擬通貨主管機關！隨即，金管會承接了重任，表明金管會「可以擔任目的事業主管機關」，望治心切的交易所與發幣方，終於不再迷茫。

望治心切？這麼多的詐騙與洗錢案件，皆以比特幣為噱頭，新聞版面上的涉案金額，皆是以十億計，加上有更多沒有實際應用場景的「空氣幣」持續問世，大家怎麼會希望顧立雄來開刀？

關鍵在於，台灣或外來交易所與發幣方，都希望合法與合規，良幣才能驅逐劣幣！全球最大交易所幣安，已經跟馬

爾他證交所合作，並且參與當地新銀行的設立，更大規模的推動法幣交易。

除了新加坡之外，台灣人可能對馬爾他與馬紹爾都非常陌生，更不會知道烏干達在非洲哪裡！這些「小國」，都非常理解區塊鏈與加密貨幣正在創造的新趨勢，因此紛紛打造友善政策環境，讓被大國驅逐的交易所與發幣方，能夠安心落戶。

經過了五年之久，金管會終於在 2023 年九月公布「管理虛擬資產平台及交易業務事業（VASP）指導原則」，包含十大大重點面向如下：

1. 強化虛擬資產發行面管理

若有透過平台發行的虛擬資產，發行人應在自家網站公告虛擬資產白皮書並揭露一定資訊，平台並應公告發行人網站連結。

2. 訂定虛擬資產上下架審查機制

業者應針對虛擬資產白皮書內容與上下架，訂定審查標準及程序，並納入內控制度。

3. 強化平台資產與客戶資產分離保管

平台針對虛擬資產交易及相關款項代收付業務，收受客戶的法定貨幣或虛擬資產，應與平台自有資產分離保管。

4. 強化交易公平及透明度

平台應訂定虛擬資產交易規則並對外公告，並應建立確保市場交易公平的相關機制。

5. 強化契約訂定、廣告招攬及申訴處理

金管會指導原則擬明定，平台應本於公平合理、平等互惠及誠信原則，落實客戶保護規定。

6. 建立營運系統、資訊安全及冷熱錢包管理機制

平台應針對持續營運、資訊安全及冷熱錢包私鑰等，明確建立管理制度。

7. 資訊公告揭露

針對虛擬資產發行與商品上下架、資產分離保管、交易資訊與規則及客戶保護等事項，平台都應充分對外公告揭露。

8. 強化內部控制及機構查核機制

平台應建立內控內稽制度等機制，並應確保運作具獨立客觀，並同意接受金管會或所委託機構辦理實地查核。

9. 明定對個人幣商洗錢防制監理等同法人組織

金管會擬明定，自然人從事虛擬資產業務，並向金管會申報洗錢防制法令遵循聲明者，聲明內容與品質須與法人組織相當。

10. 嚴禁境外幣商非法招攬業務

金管會擬規範，境外虛擬資產平台業者若無依公司法辦

理登記，並向金管會申報洗錢防制法令遵循聲明者，不得在台灣境內或向國內民眾招攬業務。

幣圈一天是人間一年，這是一句老行話，而金管會經過五年之久，且經歷 FTX 暴雷倒閉，台灣投資人數以十億計的資產曝險後，才開始要進行監管，確實是亡羊補牢了。

59

請人代操就輸了

2020 年，台中曾經破獲 15 億比特幣基金吸金一案，號稱一年即可讓投資人取得 355％的本利與暴利，顯見虛擬貨幣已經成為民間投資中的「新主流」。

值得注意的是，台中的虛擬貨幣直銷體系，是打著「代為購買」的旗號，為一般投資人代操！民眾放心的把大筆款項，匯入別人的戶頭，之後就坐等漁翁之利，在投資路徑上也值得檢討。

畢竟，不論是台灣本土加上各國，已經有數百家虛擬貨幣交易所，標榜幾分鐘就可以在網路上開戶完成，綁定銀行帳戶後，投資人即以新台幣等法幣，方便購買虛擬貨幣。

雖然，投資人面對容易暴漲暴跌的比特幣，以及不甚了解的新興虛擬貨幣市場，還有交易所的口碑與信任度，都在啟蒙階段，但是「老師在說，有沒有在聽!?」就算是再厲害

的投資大神，肯定也不可能保證 355％的利潤率。

　　不論是投資台股或虛擬貨幣，散戶仍然需要自己做好功課（Do Your Own Research），多方比較投資建議！交由別人代操，肯定是下下策。

第七篇

平台與新聞媒體的零和遊戲

2021 年 8 月，台灣蘋果日報宣布紙本停刊，我們這些長期為紙媒撰寫專欄的人，也成為了稀有動物。尤其是愈正經的專欄，轉載到網站上的點閱率愈低，轉化為廣告點擊的貢獻度，愈是杯水車薪，簡直可以忽略不計了。

蘋果日報當時對讀者的公開信提到，「數位洪流超乎我們想像，尤其是 Google、Facebook 等數位平台的壟斷，造成廣告資源的大量流失，對紙媒不啻是沉痛打擊。」這段話中的幾個關鍵字，容新聞界晚輩我來進一步補充說明。

一是，智慧型手機的數位洪流，確實超乎我們想像。蘋果日報創刊時，你我之間的電腦普及率已經很高，全台寬頻上網普及率也超過五成，但 Web 沒有殺死報紙，是 Mobile 殺死了報紙。中南部歐吉桑如今都開始用 5G 手機了，透過社群與 IM 平台傳遞的海量資訊，以及各種影音串流與直播內容，每天搶走了我們兩到三個小時的使用時間。更不要說年輕人每天會看幾分鐘報紙，或每個禮拜會看幾本雜誌了。

二是，臉書與谷歌確實很大很可怕，但其實你我在手機上有很多 App 能夠選擇！無庸置疑，臉書是台灣最大的社群平台，旗下的 Instagram 也是年輕人的最愛，但 17 與 UPlive 直播同樣盛行，抖音跟小紅書也有很多人玩，只不過國產 App 台灣人不愛用，更是難以獲利。蘋果日報 App 歷年來是台灣市場的前十大 App 下載量常客，蘋果動新聞

App 在香港曾經也很夯，下載量都是五百萬以上、甚至是上千萬等級規模，但為什麼多年來壹傳媒財報上，線上數碼事業總是鉅額虧損？

三是，廣告資源的大幅流失，才是臉書與谷歌真正的「壟斷」，這兩家公司強佔將近八成的數位廣告。根據台灣數位媒體應用暨行銷協會（DMA）統計，台灣 2022 年數位廣告市場規模超過 589 億，「社交媒體平台」廣告額超過 225 億。

此一社交媒體平台，就是臥室中的大象，也就是台灣每個人都黏在上面的 Meta 生態系！Meta 在台廣告額一年超過 200 億台幣，一家公司賺走全台超過三成的數位廣告，就連電視老三台時代，壟斷情況都不如此時嚴重。

當然，臉書流量紅利期已過，連蔡英文都要抱怨觸及率大降。不過，粉專「養套殺」的商業模式難以撼動，用你我每分每秒數據與個人隱私與豢養出來的廣告巨獸，仍在持續壯大發育中。

最後，網路的發展，不只是對報紙雜誌沉痛打擊，連廣播電視也逃不過，「主流媒體」換句話說就是「傳統媒體」。根據台北市媒體服務代理協會調查，台灣電視收視族群主要在 40 歲以上，跟報紙與廣播的閱聽族群相似，都是年齡層偏高，而且諸多數據顯示，也不用專業機構調查，大家都知

道，年紀越輕的閱聽人，越沒有收看電視與傳統媒體的習慣。

YouTube 與 Netflix 已經成為所有人的電視台，網路從過去的「非主流」，已經成為現在的「主流」，傳統新聞室中的記者與編輯，現在的影響力，也不已經比不上 KOL 與網紅了！

輿論場域的典範轉移，不管是好或壞，在眾多紙媒停刊與 Disney 旗下國家地理頻道、衛視中文台、衛視電影台全面撤出台灣之後，總之就是又一個時代過去了。

UGC 電視台

假新聞與不實訊息議題，每次都在選舉後迅速退燒，我們的閱聽日常，又回歸網路瀏覽器、行車記錄器、路邊監視器「三器」新聞，更不用說，爆料公社每分每秒強力帶新聞風向。

包山包海的 YouTube，當然是最棒的新聞取材與資料庫，來自大陸的抖音與小紅書也很好用。當 UGC（User Generated Content，用戶生成內容）全面攻陷主流媒體版面與時段時，專業記者與編輯只能哭哭。

為何要哭？因為在網路時代來臨前，PGC（Professionally Generated Content，專業生成內容）才是王道，閱聽人透過紙媒與廣播電視，所接收到的新聞與資訊，八成以上都是科班畢業的職人所產製，他們兢兢業業扮演著守門角色。

如今沒有人守門了，用 80/20 法則來估計，我們每天接收到的內容，只剩兩成來自 PGC，八成以上來自 UGC，未來也會看到更多 AIGC 的生成內容！館長與理科太太，當然是 UGC 當中的翹楚，自媒體與網紅也成了新時代意見領袖，連民眾黨主席柯文哲都選擇跟他們一起過年取暖，大家都省略了電視台賀歲節目。

　　只要有梗，就能成為網紅！每個人只要有手機，都能成為內容產製者（content provider），在臉書與各大平台上，創造流量與吸引眼球。照此趨勢演進下去，誇張的說，未來有一天當素人與網紅們，能夠拍出《甄嬛傳》與《延禧攻略》時，大學的傳播科系都要關門大吉。

　　高成本與大製作的電影與電視作品，當然門檻比較高，也還是 PGC 的最後堡壘，也還是要有湖南衛視，才能拍得出《乘風破浪的姐姐》與《披荊斬棘的哥哥》！不過我們也看到，華視曾經找來 24 歲網紅「視網膜」陳子見，擔任午間重點時段新聞主播，也真的是不折不扣的「UGC 電視台」了，只可惜他不到九個月就水土不服掛冠求去。電視台長官們，當初覺得網路流量與留言評論，就等同於收視率與廣告營收，也確實是想多了。

　　當然，PGC 的美好時代，只能成為追憶了。傳統媒體的守望與監督功能，在台灣也越來越弱化，也逐步被取代

中，爆料公社每天有這麼多轉發到電視頻道的驚悚畫面，就不是記者拍出來的。

從臉書與 YouTube 誕生的第一天起，跨國網路平台巨頭們，就是來顛覆傳統媒體閱聽模式的，所以確實回不去了。只不過，當 NCC 能夠懲罰電視台的失實報導時，臉書上流竄的不實訊息，對於台灣政經社會影響更大，誰能來守門與監管？

當臉書等跨國網路平台，在中文世界不願負起應當的責任時，各國非營利性的新聞事實查核組織，如何能夠應付海量的不實訊息呢？我們看到的是，臉書在英文世界，還要外包花大錢，請專責公司來處理不實訊息與煽色腥內容。

反過來說，我們怎麼沒有聽到中國大陸，需要由民間來設立查核組織呢？

在 PGC 時代，新聞事實查核，本來就是媒體機構應當發揮的功能之一。現在的 UGC 時代，各國查核組織左右逢源，一邊被政府捧在手心，一邊又成了跨國網路平台的化妝師，但實際上他們真的有足夠的人力與資源，來應付鋪天蓋地的不實訊息嗎？

就連年輕人最愛的 Instagram，都滿滿充斥著不雅照片與猥藝影音時，跨國平台應當負起的責任在哪裡？又該如何喚起閱聽大眾的重視，並呼籲跨國巨頭們「Don't be

Evil」！

　「人們持續告訴我們，他們希望看到與他們相關的廣告！」這是 Meta 創辦人祖克柏，感性書寫的 15 年創業心路歷程文章中，最引人矚目的一句話。當他滿腦子只有讓臉書賺翻天的廣告模式時，要談社會責任與不實訊息防堵，真是緣木求魚了。

真新聞在哪？

台灣社會早已深刻感受到，透過臉書與 LINE 平台海量傳遞，假新聞（fake news）與不實訊息（disinformation）已經成為國安危機。從中央到六都與地方，從總統到國安局長，從兩黨到不分藍綠，大家都在探討網軍帶風向，緣何擁有這麼大的影響力？

一直以來，我們對網路社群平台，都太有好感，卻忽視它們應當具備的責任。當祖克柏在美國聽證會承諾，擴大事實查核的部門時，大家都忽略了，他在臉書內部的努力與投入，主要仍是在英語世界的同溫層。我們身處的中文世界，卻不在他的考量中。

臉書擁有三十億活躍用戶，LINE 也有兩億，微信則有十億，當微信與騰訊能夠以人工智慧與工人查核等方式，來達到北京當局的監管期許時，社群平台顯然不能再

把責任，完全都推給散發不實訊息的內容提供者（content provider）。

一直以來，有爭議的新聞報導，如果在 TVBS 與三立，或者是東森與年代，被大家看到時，該電視頻道就會被 NCC 追究責任。衛星廣播電視法也有相關罰則，明文規定如果違反事實查證原則或公平原則，導致損害公共利益，處 20 萬至 200 萬元罰鍰。

一則不實訊息如果在臉書這個 App 被大家看到，臉書就要負責任。一段不雅影音，如果在 YouTube 這個平台被大家看到，YouTube 就要負責任。一張露點照片，如果在 Instagram 被大家看到，Instagram 就要負責任。

可以比擬的是，一個假貨，如果在 PChome 被大家買到，PChome 當然要負責任。

簡單的說，讀者與用戶，還有這麼多的消費者，在哪個平台上花了時間與眼球，接收到新聞與資訊，或者是影音內容，該平台就要負責任。

關鍵在於，這些巨頭平台，已經取得用戶的數據與時間，點擊與流量，還有消費偏好與個人隱私，進一步打造其商業模式，甚至賺到富可敵國的市值了，所以更要負起責任。

從劍橋分析事件以來，臉書的資訊操弄，以及用戶隱私

數據濫用，早就被歐美政府盯上。祖克柏因此在華盛頓聽證會上，承諾委外雇用事實查核部隊，這幾年被動的監管與下架不實訊息，卻不願積極的與媒體合作產製優質內容！屢屢跟澳洲跟加拿大政府鬧翻，再次證明祖克柏確實不畏各國政府公權力。

一開始的三萬名事實查核人員，已經超過全美記者人數的總和，每天都在承受垃圾訊息的荼毒，與惡沒有距離，甚至造成他們的心理疾病與傷害！英文世界有臉書襄助的事實查核人力，你我在台灣的中文世界，又有足夠的資源嗎？還是我們只能放任更多的梗圖與不實訊息，不僅時時準備著操弄下一次的民主選舉，也有意無意操控你我每分每秒的閱聽日常。

當然，閱聽用戶更必須培養社群平台上新媒體識讀素養（media literacy），而美國與台灣都有新聞自由，台灣的NCC，肯定也不是大陸的中宣部與網信辦，有關不實訊息涉及一籃子修法條文與數位中介服務法等新規範，肯定不能過猶不及。

我們也都知道，越 low 的內容與資訊，臉書的算法越佔優勢。優質的內容，反而都爭取不到點擊與流量，甚至連被滑到的機會都沒有。不要說假新聞與不實訊息了，臉書本身就是全球最大的內容農場，至於《報導者》或《端傳媒》的優質媒體文章，你在動態消息看得到嗎？

62

流量的迷思與成就

蘋果日報的網站流量與 App 下載量，也在台灣「名列前茅」，但為何仍然不能賺錢，最終走入歷史？

壹傳媒財報曾經透露，蘋果日報的不重複訪客與頁面瀏覽人次，直至關站前仍然在成長，但為何數位部門投入這麼多年了，仍然陷入流量越大，虧損也越大的窘境？

關鍵在於，空有高額流量，卻沒有實質用戶的網站，實在不勝枚舉！定錯了 KPI 指標，壹傳媒也不是唯一例子。

在壹傳媒過去的輝煌時期，便利商店每賣出一份壹週刊，就有這麼多的零售用戶，或者是蘋果日報每天清晨直送到家，就是壹傳媒的訂閱用戶。網路顛覆了各行各業，但是積累用戶的目標，卻仍是做生意的本質。不論是媒體生意，或是地產生意，有買家願意掏出荷包，賣家才有收入。

Netflix 與愛奇藝的影片訂閱，端傳媒與天下雜誌的文章

訂閱，都是用戶願意爲內容付費的例子，諸多垂直媒體也明確鎖定了特定族群。只不過，當讀者與用戶習慣了臉書的免費內容，LINE TODAY 的編輯精選，還有微信的海量公衆號，每天的碎片化時間都被佔據，看都看不完了，眞正優質的內容就能收到眞金白銀嗎？

本土優質內容如報導者，國際優質內容如紐約時報中文版，也都透過手機無料放送！內容付費牆的建立，如今在台灣手機金流越來越方便的前提下，大家又是否能夠眞正積累出付費社群呢？這就跟網路聲浪不等同眞實選票一般，轉化率才是關鍵。

手機用戶每天只用五到六個 App，在極其中心化的 Web2 場域中，媒體實在難以取得用戶，甚至在臉書打壓下，連流量都越來越難取得。因此大家都看到，電商業者必須要辦越來越多的購物節慶，鞏固既有用戶，並創造私域的自有流量。

63

從內容到內容產品

當所有人都不投入做內容產品，以及摸索可能的商業模式時，三到五年後，台灣人可能都只看大陸內容了！從上海幅射全球華人世界，主打精緻影音的「一条」，就是最好的例子。

相較於一条，如今台灣許多媒體從業者，也都在做影音內容，但卻根本沒想清楚做了影音內容後，能夠獲得什麼？是要取得用戶停留時間，還是能夠在影音內容中插入廣告容易變現？又或者像是「遊戲化新聞」，這些只是新的「內容呈現方式」，卻都還稱不上「產品」，因此無法達到取得用戶與創造變現的目標。

流量（PV）不等同於用戶（User），更不等同於營收（Revenue），但流量確實是取得用戶與營收的基礎。關鍵在於，流量的「轉化率」有多高，也就是有多少流量能夠轉

化為用戶，又或者是有多少流量能夠直接變現！肯定大家的目標，都不僅止於擁有「垃圾流量」。

我也認為媒體當中「總編輯」的角色，必須要從單純的內容「管理者」，轉變為內容產品的「驅動者」。總編輯個人的 KPI 指標，也應改為：內容轉化率、產品成功率、議題影響力、協作領導力、技術應用力、變現創造力。

線上媒體業者又該怎麼做呢？跟傳統出版社一樣，來舉辦閱讀節，推廣訂閱風氣嗎？關鍵在於，如何將內容打造成產品，讓願意買單的讀者，產生付費意願，這才擁有創造收入的機會。

不論是花俏的 VR 內容，又或者是紀錄片等長影音，還是 15 秒的短影音，如果沒有「產品化」，就還是空有流量而已！KOL 可以只做好導流，就達到業配客戶的要求，但線上媒體要可長可久，仍要深思如何打造優質內容產品。

話說回來，新媒體發展的目標，第一是要取得用戶，第二是取得用戶時間，第三是取得用戶數據。關鍵在於，流量只是基礎，必須做出更多優質產品以取得用戶！進一步有了用戶停留時間與使用數據，才能有更多強勢變現的商業模式。

直播從來不是新鮮事

顧問公司 We are social 針對台灣的數位使用報告指出，台灣在 2022 年的社群平台用戶，佔全國人口 84.5%，使用率居全球第十名，最常使用的社群平台，大家都很熟悉，依序是 LINE（90.7%）、Facebook（85.3%）、Instagram（65.3%）、Messenger（60.3%）與 TikTok（36%）。

至於台灣人使用社群平台的目的，前五名分別為：與親友保持聯繫、打發空閒時間、看看大家都在談論些什麼、探索內容、閱讀新聞時事。

至於台灣人每天使用手機時間多達七小時，約為看電視時間的三倍，第四台的裝機戶數也已經連續五年下滑！相較於傳統媒體與電腦，手機無庸置疑已經成為第一載具，臉書則控制了每個人的資訊與新聞內容供需，成了最有影響力的媒體。

因為不過就是十年前，台灣人每日收看電視時間還超過三小時，但現在年輕人開著電視當背景音，手機與平板，完全吸走了他們眼球與注意力，偶爾才抬起頭看看電視螢幕。

畢竟所有政治人物都在搶著跟網紅開直播導流，誰還關心電視談話性節目的收視率越來越低？

如今有高達 97% 的影視觀眾，都曾透過網路來獲得更多精彩的影音內容。We are social 指出，台灣人平均每日花在 YouTube、Netflix、LINE TV⋯⋯等串流影音平台的時間，在 2022 年突破 1 小時 19 分鐘，強占每天觀賞影視時間的 47.9%，而用戶觀看時長仍逐年成長中。

台灣人都想在行動廣告市場分一杯羹，但在臉書於台灣每年吸金超過 200 億的前提下，實在很難突圍，尤其如今傳統媒體口中所謂的「新媒體」，更是很難賺到大錢。

台灣傳統媒體與新媒體的「內容＋廣告」商業模式，已經被臉書完全殲滅！反倒是直播 App 的打賞模式，成了內容變現的路徑，以 17 與 UP 等一線直播 App 來說，而每天上千萬流量的新聞網站，旗下的兩、三百位網路編輯，遠比不上帥哥正妹直播主的打賞收入。

以內容產業來說，直播從來不是新鮮事，電視 SNG 新聞與運動賽事直播，閱聽人數十年來都很熟悉，只不過到了

手機時代，誰能夠率先把優質內容移動化、年輕化、社群化，肯定就是最大的贏家！

65

究竟是誰沒有國際觀？

台灣人沒有國際觀，媒體又成了眾矢之的。

國際市場研究機構益普索（Ipsos）發布的「無知指數」，台灣曾經名列全世界第三，僅僅勝過中國與印度。調查出爐後，臉書社群上議論紛紛，直指媒體失能。

確實，電視頻道的海外新聞占比極低，除了週日晚上各台的「贖罪」專題節目外，國際與兩岸新聞在一般時段都是毒藥，行車記錄器與爆料公社真的才有收視率。平面媒體的國際與兩岸版，向來是閱讀率最低的版面，老化與僵化的外電撰寫方式，也很難爭取年輕人的眼球。

所以每當台灣社會沒有國際觀的論述又被提起時，媒體人總是百口莫辯！畢竟連很多媒體人自己都搞不清楚，邦交國聖多美究竟是在非洲還是中南美洲？這當然難以回嘴。

台灣媒體人都擺低姿態負荊請罪，但台灣社會沒有國際

觀，該是台灣閱聽人自己的錯。

現在是移動互聯網的時代，誰不能在用手機下載 BBC 與紐約時報的 App，隨時取得第一手的國際資訊。更關鍵的是，BBC、紐約時報、華爾街日報、英國金融時報……等國際主流媒體，全都爲了爭搶中文讀者，在網站上將諸多文章即時翻譯。

也就是說，就算你的英文不好，還是可以在手機上用最高效率、最低成本、最快速度，接收這世界的最新動態。

不用回家打開電視，也不用到巷口便利商店買報紙，手機確實是最方便的內容載具。只不過，這些國際主流媒體 App，有多少台灣人會下載？或者是他們的中文網站，誰會放進瀏覽器的書籤當中？

台灣的新聞生態，不用贅述。各種顏色與立場，從來就是我們習慣的日常，閱聽大眾要不要看，決定權在手機跟遙控器上。不喜歡就不要看，從來就沒有「媒體壟斷」的問題。

畢竟當紐約時報與人民日報，美聯社與新華社，都用指尖就可觸及的同時，政府與任何力量，從來就管不著你在手機上的私密閱聽行爲。象牙塔中的專家們，也確實太小看台灣閱聽人的見識了，假新聞跟不實訊息，其實只會影響到想要被影響的人。或是專家們都認同傳播理論當中的「魔彈效

應」與「皮下注射效應」，媒體胡謅亂寫，台灣閱聽人也都笨到相信？西元 1938 年的萬聖節，哥倫比亞廣播公司播出「火星人入侵」的廣播劇，造成美國多個城市的人群恐慌，這是魔彈效應的實際案例。

當然，年輕人會說，我就是不看新聞，也不關心國際局勢，這跟我的小確幸生活，還有人生舒適圈有什麼關係？但是國際觀是社會進步的基礎，川普打一通電話給蔡英文，台灣立馬就成了國際社會的焦點，拜登對兩岸政策與地緣政治的看法與做法，肯定也會牽動台灣政經局勢。

台灣人想要理解習近平與李強，上人民日報與新華社網站，就可以看到原汁原味的中國觀點，現在也不是言論管制的時代，沒有人會搶走你的手機，把螢幕上的大陸喉舌 App 刪除。尤其在大陸新媒體產品與商業模式發達的前提下，包括今日頭條等新聞聚合 App，以及新浪、網易、澎湃、鳳凰網、澎湃、虎嗅、界面……等入口網站與新興媒體，都展現了強大的「跨海輸出」能力。

從香港出發，端傳媒在台灣市場，擁有大規模粉絲基數，也是新媒體跨境擴展最好的例證。

有趣的是，紐約時報等境外媒體的簡體中文網站，都是被中國網信辦封鎖的！老外想要順利擁抱 13 億讀者，就跟臉書想要進軍中國一樣，迄今仍是不可能的任務。台灣雖

然不是他們的主要目標市場，但字體都可以輕易簡繁互換，台灣閱聽人如果還不懂得撿便宜，「無知社會」這諷刺形容詞，仍會如影隨形擺脫不了。

廣告去哪裡了？

　　開門見山的說，Google 與 Meta 兩大巨頭，每年來自台灣市場的數位廣告量超過四百億台幣！如此龐大的廣告規模，是從報紙、雜誌、廣播、電視掠奪分食而來的，他們才是新聞媒體賺不到錢的最大敵人。

　　2000 年到 2010 年，台灣電視廣告市場超過 400 億台幣，但如今已經砍半腰斬。同一時期，報紙與雜誌的平面媒體廣告規模，也達 250 億之多，但現在分別只剩下十多億，只有零頭中的零頭。

　　Google 靠著聯播網與關鍵字，以及 YouTube 的爆量影音廣告，早已是台灣最大的媒體平台與廣告公司！從 2023 年開始，Google 一年拿出一億新台幣共榮基金回饋給新聞媒體，主流媒體都一同站台讚聲，大家眼裡都沒有仇恨，這真的是大愛了。至於澳洲與各國政府力推的新聞議價法案，

要兩大巨頭從嘴邊分一點乳酪還給媒體，讓媒體能夠持續營生，真的也只是後話了。

媒體美好的日子不再，現在還要向跨國網路巨頭，遞件申請基金的獎勵與補助，資深新聞人們只能大嘆「回不去了」！

網路巨頭則覺得，PGC（Professionally-generated Content）的專業生產內容，也沒有比 UGC（User-Generated Content）用戶原創內容來得好，網美露奶的流量，更遠超過重磅調查報導！為什麼跨國平台需要落地，受到政策監管與要求，還要導流與分潤給新聞媒體？

這確實成了新聞媒體與網路平台的零和遊戲。

閱聽大眾的素養，則被社群平台毫無守門的內容，持續小編化與低俗化，造成越聳動的內容，觸及率與點擊率越高，而媒體只能不得不跟進！

Meta 公司透過臉書與 IG 兩大平台，持續汲取你我的每分每秒在手機上生成的數據與隱私，來進行精準的廣告投放，轉化率確實很高，但早已越過了法律與道德的底線。

氾濫的投資詐騙廣告，造成大批民眾資產有去無回，金管會事後才亡羊補牢，趕快與兩大巨頭建立聯繫管道，推動非法廣告下架機制。更不用說，黃賭毒等違法內容與廣告，也在網路平台守門機制不彰的前提下，早就攫取未成年人的

眼球。

　　哈佛商學院教授肖莎娜在《監控資本主義》一書中表明，在跨國網路巨頭建構的虛擬空間中，身為消費者的我們，其實是一種「剩餘」來源，在這無可遁逃的原料萃取過程當中，我們是被榨取的對象。她直言，這讓我們的日常數位生活，成了每日重複續約的二十一世紀浮士德契約，你我也不再反抗，以犬儒主義來合理化這種現象，「只能帶著鐐銬，一邊高聲歡唱！」

　　澳洲政府推動《新聞媒體議價法》，挑戰臉書與谷歌兩大巨頭，要求他們讓利給澳洲在地新聞媒體，成了全球媒體都在關注的「涉己新聞」。

　　因為在過去十年，全球新聞媒體成了臉書粉專商業模式的禁臠。回顧過去二十年，谷歌新聞關鍵字導流與聯播網分潤，則是讓各國新聞媒體，在「數位轉型」的寒風中，吃不飽更穿不暖。

　　難得的，谷歌願意服膺澳洲政策，已經順利與多家媒體達成合作協議，而臉書維持一貫強硬態度，已經封殺澳洲與加拿大各大媒體，甚至是攸關疫情的政府單位與大咖政黨人物粉專，頓時遭臉書平台恐嚇式下架。

　　畢竟，臉書就是「假新聞」的產地，遑論要為「真新聞」讓利？大家都知道，越瞎的資訊在臉書上傳播的越快，羶色

腥的內容，算法推薦權重來得越高。臉書寧願捧紅羽翼下的「爆料公社」，當然不願與各國百年老報合作。

簡單的問題是，誰會在動態消息牆上，滑到《報導者》無償提供的優質新聞呢？臉書又爲什麼要提高《報導者》粉專發文權重，而不是持續大力打壓，讓《報導者》或其他各大媒體粉專，爲了達成流量目標，不得不花錢下廣告呢？

臉書的粉專商業模式，已經成了臥室中的大象，你不敢動，也動不了他。各大媒體投入採訪人力與資源，產製的優質內容無償投入臉書生態系中，但開內容農場的臉書地主一個不爽，說下架就下架，澳洲與加拿大各大主流媒體，就成了長期被剝削後，如今又被宰的佃農。

67

海量的簡中內容

當各種業配影音與直播，充斥在 YouTube，還有各大臉書粉專與網紅 Instagram 時，我們非但沒有看到道德魔人站出來指正，如何提昇觸及率與轉化率，反而還成了網紅們可以開班授課的顯學。

反過來說，主流媒體的業配與置入，就成了見不得光，甚至還要被「開箱」的不堪商業行為。法律的規範，當然是媒體經營的底線，但是主管機關有沒有追究，有多少網紅在違法賣藥呢？

市場化的媒體生態，本來就是民主社會的日常，至於大陸的媒體環境與新聞自由，也是受世界公評的。又或者是，近十年到北京上海任職的記者與編輯，甚至是編輯部的資深主管，也是呈倍數成長。怎麼會有這麼多的從業者，願意從市場化的民主社會，前仆後繼到高度管制的媒體環境中，畫

地自限呢？

問題的答案，就在從業者的口中，而不是觀察者的筆下。大陸的媒體環境確實複雜，但台灣的論者，總是用最容易與簡單的方式來解析，自然會造成更多的誤會了。

關鍵在於，台灣媒體環境，都難以用一句話形容了！大陸的主流媒體，也在光譜上的兩端，五花八門的新媒體與自媒體，更是在不同象限當中，沒有親身去體驗過，三言兩語確實說不清楚。

台灣的內容產業，包括新聞資訊，以及各式流行文化產出，大家都看不到谷底，就是持續在墜落當中。大陸的內容，還有影音與視頻平台，在華語世界則是越來越強勢，從古裝戲劇到綜藝節目，從微信訂閱號到抖音短視頻，這也就是台灣十歲到二十歲的新世代，可能會成為「天然統」的主因。

當 Facebook 與 Instagram 上，有這麼多的簡轉繁影音內容，YouTube 上的老高與小茉成為年輕人最愛的說書人，透過各大網路平台「入侵」台灣的海量大陸內容，早已從非主流成為主流了。

媒體是閱聽人的耳目，也是社會文化的表徵。兩岸媒體的問題，也肯定不只是媒體的問題而已，這些問題不需要無限上綱，也不需要迂迴躲避，只需要大家直面解決。

記者一定沒讀書嗎？

新聞科班的畢業生與從業人員，社會地位與信任度每下愈況，影響力與轉化率肯定也輸給網紅，996 工時加上薪資不高，還有可能要常常上法院，為什麼還有人要投入這個行業呢？

現在確實不再是傳統媒體的時代了，但是第四權的守望與監督功能，仍然是民主社會的重要基石。

因為沒有民主，郭台銘與川普，不可能有機會參選總統。

郭董兩次參與總統初選與連署期間，都趁勢抵制與聲討媒體，確實是最佳的選戰策略之一。更貼近社群與網紅，效法柯文哲獲取年輕選票，則是幕僚建議的選戰招數。

因為網紅能夠為政客宣傳造勢，媒體做起來始終不到位，還會被鄉民吐槽。網紅明碼標價，廣告主買得開心，媒

體卻要玩起躲貓貓的遊戲，還會被「民主開箱」。網紅的選票轉化率高得驚人，媒體既沒點擊率又沒訂閱數，誰會選擇找媒體合作？

回顧近年「館長現象」的奇妙之處，就是自媒體已經比媒體，更有聲量與影響力，他們還發揮影響力，回頭來唾棄與反噬媒體！就連郭董都找了館長一起爬山。

網紅確實很紅，但是為什麼紐約時報可以擁有三個世紀的影響力？為什麼新華社與人民日報仍然是大陸國家機器的重要耳目？為什麼 CNN 能夠一直準備報導世界末日的那一天？為什麼《郵報：密戰》仍會讓全球電影粉絲看了感動？

探討新聞產業的電影與電視劇很多，以第四權為傲的美國尤其多。《郵報：密戰》、《驚爆焦點》、《戰地女記者》、《主播之死》、《真相急先鋒》都是真人真事改編，成了好萊塢與奧斯卡的榮耀。

可惜的是，台灣作為新聞與言論自由的沃土，媒體與記者的社會地位卻每況愈下，也應驗了二十年前《天下雜誌》的「弱智媒體」詛咒，如今哪一位編劇會想要認真取材，遭受眾人唾棄的新聞行業？

直到《我們與惡的距離》上映，把新聞室的無奈、新聞人的無力、新聞學的無助、新聞即時處理的無厘頭，寫實的告訴了大家。大家才知道，「新聞」緣何成為了一個負面詞

彙。

　　「小時不讀書，長大當記者」的酸民價值，電視與網路交相賊的時間壓力，還有第一線記者「侵入式採訪」的必要手段，都在劇中完整述說與呈現。

　　劇中試圖探究的是，當媒體成爲各種勢力的殺人工具，有時連實際操刀的編輯與記者，都不知道誰是幕後主使者。

　　年輕人都用 Instgram 看不雅猥褻圖片，這也不是校園中的秘密了。當新世代都不看電視了，NCC 總是在懲罰個別電視台，又有什麼意義呢？

69

新聞業為何又成為製造業

在媒體圈，我們一直有很多「快新聞」與「慢新聞」的討論，這讓我不禁回想起，當年「網站 VS 報紙」、「周刊 VS 月刊」……的對決。

我覺得讀者關心的，應該不是新聞的快或慢，而是新聞的好或壞。

直白的說，月刊夠慢了吧，但是每一本月刊的總編輯，都敢拍胸脯保證，這一期刊出的 100 篇文章，百分之百都是好文章？

好文章的定義有很多：有分析、有觀點、夠實用、有影響力……我們就不贅述了，但是壞文章大家就很清楚了，畢竟如今網路時代，每個人的閱讀量既大又廣，願不願意在手機上繼續看下去一篇文章，除了標題、圖片外，文字仍是硬道理。

「我一直深深以為，雜誌是深度視角、分析、觀點的最佳載體，但現在我看到很多的網路新媒體與自媒體都已經做到了，甚至即時性、設計力、覆蓋面與影響力更無遠弗屆，還不用砍伐那些無辜的老樹！」我曾經做了十五年財經雜誌，這段話是我創業的初衷，因為我自己當總編輯，發現有太多不用功、不紮實的文章，不得不被「填版面」，以應付截稿壓力與最終出刊。

　　你一定會問，大報、週刊、雙週刊、月刊……，號稱記者比較資深，編輯也確實老練，怎麼會產出一堆不得不被填上去的壞文章呢？

　　我自己的管理例子是，一個記者對某個議題、某個內幕很有「想法」，在編採會議上說得興致勃勃，希望能夠繼續追蹤下去，我雖然判斷這議題過硬、內幕難求，但還是讓他去嘗試看看。

　　結果，一個月過去、兩個月過去、三個月過去……他還是沒有交稿，期間報告進度時，他雖然都有一一交代，但看得出在記者傲氣下，他是心虛的。

　　站在我管理者的立場是，這兩、三個月，他都推說正在做進行這大題目，結果交不出其他稿子來，整體工作量大幅下滑。

　　最後的結果當然很悽慘。在記者探訪能力有限、難以接

觸核心採訪對象的前提下，草草寫了三、四千字。大家一看這稿子只有 55 分，花了極大力氣東拼西湊，好不容易才編輯成 75 分印了出來。

這就是傳統媒體管理制度與稿件流程的多年問題：從記者提報一個題目開始，直到最終讀者在書店裡頭買到一份報紙、一本雜誌，整個生產鏈條，如今真的都「落鏈」了，這才導致你在傳統媒體上看到很多壞文章，這也讓我們總是被郭台銘批評為「製造業」！

一直以來都有很多「快又壞」的即時報導，都被證明是「黑心新聞」。我們當然體諒媒體與記者的難處，卻也一直容忍到了現在。這也是大家如今批評台灣傳統媒體的簡單原因：不及格的報導、花絮類的報導，絕對遠遠多過 60 分以上的，更不用說 80、90 分的文章少之又少。

更重要的是，在古典的「獨家」定義中，台灣媒體經常為搶同樣一條消息的發布時間而錙銖必較，但實際上卻完全不同，讀者只會關心內容本身，而通常會忽略到底是哪家媒體的「原創」。我們在 Facebook 上看到的資訊，往往是分享、轉發越多，資訊來源就越不重要，用戶也壓根不關心「出處」。

我們可以再舉一個情境來分析，一篇文章刊登在報紙、雜誌上，與刊登在網站、App 上，哪裡的「要求」比較高

呢？

　　答案可能跟你預期的，是完全相反的。我現在很常用手機閱讀四、五千字的長文章，全文閱讀完畢大概要超過十分鐘。不過，在這十分鐘當中，如果文章中有一兩段虛應故事、一兩段信口亂謅，我可能立刻就會退出，開另外的 App來用了。

　　反觀報紙與雜誌，因為需要「特定」的閱讀時間與空間，讀者可能還會更耐著性子讀完爛文章。

　　傳統媒體假設的閱讀情境是：讀者會在辦公室或者家裡的沙發上坐著，會專門花費一個較長的完整時間段來閱讀。因此，雜誌假設讀者的閱讀行為是從第一頁翻到最後一頁，報紙從第一落的要聞政治翻到最後一落的影劇體育，但這特定時間與空間，根據你我使用習慣普遍預測，只會越來越限縮，直到完全歸零。

　　當然我們無法預期「特定空間與時間」何時完全歸零，但這也是我常常說，「未來如果不能被手機所使用與消費的內容，就不叫內容了！」因為現在讀者的時間是碎片化的，狀態是移動的，行為也從 Read 到 Look，慢慢讀變成快快讀。

　　好文章應該是要透過更多渠道，包括報紙、雜誌、網站、App……，讓「更多讀者」能夠以「更低成本」看到。

我所謂的「更低成本」，包括讀者的時間成本、效率成本、付出價格……等，都是考驗新媒體經營能否成功的一大關鍵。

訂閱制是解方嗎？

　　《魷魚遊戲》成為 2021 年最夯韓劇，台灣影劇圈論者的分析，不外韓流再次發威，台劇仍需努力。只不過，《魷魚遊戲》是由 Netflix 原創，一推出就登上 Netflix 美國排行榜冠軍，吸引數以億計的美國觀眾眼球，與其再說是韓國文化生意全球暢銷，更應該深入探究 Netflix 的平台力量。

　　台灣人也確實比較擅長內容產製，在老三台時代，台灣的戲劇內容就曾風靡全球華人，華視《包青天》曾是你我美好回憶。中央社擔綱的國際影音串流平台「Taiwan+」目標之一，就是要讓台灣優質內容順利出海，發揚台流軟實力。

　　民間業者不能想與不敢想的「國際平台夢」，政府與公廣集團能夠圓夢嗎？

　　關鍵在於，疫情後的新型態網路訂閱模式，正如雨後春筍般爆發！訂閱模式其實不是新鮮事，訂報紙或訂羊奶，都

會在每天清晨準時送到你我家中,只不過,網路服務的免費與無償使用,養成了多數用戶不願付費的心態,如今要讓他們從荷包中掏出錢來,肯定要抓到痛點。

以二十年前盛行的 MP3 來說,就打破了流行音樂的銷售模式,讓專輯卡帶與光碟成了歷史灰燼。如今在 KKBOX 與 Spotify 等 App,以及 YouTube Premium 與 Apple Music 等巨頭平台上,消費者會為音樂歌曲付費的關鍵,不僅是海量歌單而已,更是整體打造的消費者體驗。

音樂產業歷經了二十年的網路「洗禮」(也有人說是剝削),終於來到了用戶與平台,以及音樂創作者三方之間的平衡點。由小觀大,宏觀的內容產業,在這二十年中,也陸續進入陣痛期,只是找不找得到出路而已。

台灣的內容產業訂閱,《天下雜誌》與《科技島讀》都曾有顯著成績,「Hahow」與「Pressplay」的線上知識課程,也迎來疫情後的大成長契機,特別是在理財投資與語文學習上,都可以讓用戶打破時間與空間的實體侷限,並且能夠一再咀嚼課程精華,持續精進個人能力。

我們都知道,在傳統經濟模式中,消費者首先得購買一項物品,獲得物品的「所有權」,然後才能擁有物品的「使用權」。這產生了兩種困境,一是這些物品生命週期不一定長,物品不一定能永遠被使用;二是購買的物品越多、金額

越大，勢必就壓縮了消費者的資金流動性，如果一旦需要放棄其他物品的所有權，使用權也跟著消失。

不繳房貸或車貸，就是先喪失所有權，再被迫放棄使用權的例子。所有權是最典型的物權樣態，也是形塑人類社會的重要概念，但對於現代人來說，所有權和使用權的分離已成常態，年輕族群更願意只為擁有「使用資產的時間」來買單。

話說回來，網路訂閱服務，仍是消費者願不願意買單的問題。不論是一瓶羊奶，或是一台賓士汽車，就是要找能到掏錢的痛點。

從新創變老創

西元 2000 年開始，我成為一位科技記者。

總是站在第一線前沿觀察軟硬體產業市場趨勢，二十多年過去了，確實有很多收穫！很感激有機會透過本書與您分享。

記者都是動一支筆與出一張嘴，旁觀撰寫別人的成功與失敗故事，雖然是很適合我的職業，但心裡總少了點腳踏實地的東西。直到 2014 年，我離開《周末畫報》的主編職務，決定開始創業自己動手做。

從勞方變資方，從領薪水的變發薪水的，創業的世界觀，跟我預期的都不一樣。換了位子也換了腦袋，顛覆了我的人生所有觀念，可以說是完完全全從零開始。

台灣的創業環境很有趣，要求創業者什麼都要會，不像美國或大陸，創業者只要專注會一到兩個細分專業即可。反過來說，創業也是對一個人全方位的考驗，有任何一個環節

缺漏，就有可能造成新創公司關門大吉。

關了門確實是大吉，因為創業過程總是大凶。能夠經營超過五年的台灣中小企業與新創公司，只有1％，99％在五年內都會失敗，創業者還要承擔各種法律與財務險阻，真的是非常凶險。

結論是，我創業將屆滿十年，非常幸運的，我得到上百家客戶的支持，飛越新創公司的十年存活率關卡，可以自稱為「老創」了。

做了15年的主流財經雜誌，接著做了10年的新媒體與Web3創業，在這典範轉移的過程中，我一直在重開機，每天我都要把自己歸零。因為過去的積累與成功經驗，完全不代表明天與未來也能持續成功，幸好有眾多科技圈好友長期鼓勵，還有很多貴人與政治場域的長輩，肯定我總是能做出些什麼，讓我倖存至今！因此請容我在紙本上留一點版面，大聲唱名感激。

承蒙時報出版董事長趙政岷的啟發與鼓勵，我把歷年來在中國時報撰寫的專欄彙整成冊，再以近年持續投入的人工智慧與Web3趨勢做為新書導言，完成再次著書立說的志業。感謝旺報戎撫天社長、中國時報陳琴富總主筆，以及林美姿資深主筆十年來的支持與催稿（大誤），我才能在總是心煩意亂的創業過程中，仍能穩定產出觀點文章。

僅以本書結尾，感謝讓我存活至今的恩人們！我的母親姚小菊女士、弟弟楊方中先生、弟妹李楓晴女士、大姑楊筱松女士、二姑楊筱韻女士、小姑楊素馨女士、余光亞先生、姚士珍先生、丁兆卿女士、梁逸歆先生。

非常感激在我創業歷程中，持續鼓勵與支持我的前輩與好朋友們，包括林富元先生、杜家濱先生、彭念劬先生、陳冠榮先生、余黎芳女士、Andy、Leighton、Chris、梁捷揚先生、周守訓先生、周季涵女士、吳岳謙先生、劉偉先生、劉宇環先生、朱永光先生、孫紹祖先生。感謝張詠晴小姐、何渝婷小姐、吳昱玫小姐、鄭君良先生、林逸弘先生、鄭寧小姐、洪嘉鎂小姐、高子期先生、陳慶維先生，以及歷年來加入 KNOWING 新聞／幣特財經／鎊科技的優秀同事們，持續推動編務與業務穩定成長！至於眾多科技與金融產業客戶們，就請恕我不一一致謝了。

特別要感謝愛護我特地為文賜序的長輩與先進，更感謝創業初期迄今給予我諸多指導的蔣萬安市長、詹婷怡主委、龔明鑫主委、王儷玲主委、許毓仁先生、林之晨先生、李開復先生、簡立峰先生、林斌先生、胡國強先生、黃珊珊副市長、邱臣遠總召、曾銘宗總召、孫大千委員、徐小波老師、吳志揚先生、溫肇東老師、刁明芳女士、吳昆儒處長、詹方冠處長、趙式隆局長、陳素蘭社長、陳儀雪女士、藺奕先

生、于建洲老師、陳順孝老師、彭杏珠女士、林宏文先生、楊俊斌先生、張鐵志先生、梁寶華先生、呂庭華先生、張育寧女士、劉小令小姐、駱軼航先生、林天良先生、王銘義先生、何偉光先生、邱正生局長、戴中興校長、林筠騏女士、吳仁麟先生、何春盛先生、鄭智玲女士、張國祥先生、梁晉嘉先生、胡鴻仁社長、何其慧老師、周奕成先生、林曉雯女士、王令興先生、李喬琚女士、彭仁鐸先生、沈建宏先生、李兆華女士、簡榮宗律師、盧燕俐女士、林奇芬女士、羅燕女士、仇勇先生、商思林先生、賴建宏先生、蔡孟勳先生、莊智超先生、林暐恆先生、彭康育先生、神馬會眾。

最後的最後，感謝在 2023 年下半年接住我的 Jocelyn。

BIG 436

誰會被抹平

作　　者—楊方儒
主　　編—謝翠鈺
企　　劃—鄭家謙
封面設計—林采薇、楊珮琪
美術編輯—趙小芳

董 事 長—趙政岷
出 版 者—時報文化出版企業股份有限公司
　　　　　108019 台北市和平西路三段二四〇號七樓
　　　　　發行專線—（〇二）二三〇六六八四二
　　　　　讀者服務專線—〇八〇〇二三一七〇五
　　　　　　　　　　　（〇二）二三〇四七一〇三
　　　　　讀者服務傳眞—（〇二）二三〇四六八五八
　　　　　郵撥——九三四四七二四時報文化出版公司
　　　　　信箱——〇八九九　台北華江橋郵局第九九信箱

時報悅讀網— http://www.readingtimes.com.tw
法律顧問—理律法律事務所 陳長文律師、李念祖律師
印刷—勁達印刷有限公司
一版一刷—二〇二四年二月十六日
定價—新台幣四二〇元
缺頁或破損的書，請寄回更換

誰會被抹平 / 楊方儒作 . -- 一版 . -- 臺北市：
時報文化出版企業股份有限公司 , 2024.02
　面；　公分 . -- (Big ; 436)
ISBN 978-626-374-928-3(平裝)

1.CST: 未來社會　2.CST: 人工智慧
3.CST: 資訊社會　4.CST: 趨勢研究

541.49　　　　　　　　　　　113000984

ISBN 978-626-374-928-3
Printed in Taiwan